凡事徹底と
人生問題の克服

悟り・実務・家族の諸問題について

大川隆法
RYUHO OKAWA

まえがき

凡事徹底《ぼんじてってい》シリーズの第三弾である。

悟り・実務・家族の諸問題について論じてみた。

もう二十五年も前のことになるが、ある優秀な宗教学者が、マスコミに「幸福の科学の弱点は何だと思いますか。」と問われて、「教祖の実務能力が高すぎること。」と答えていた。この答えは、半分当たっており、残りの半分は当たっていない。

半分当たっているというのは、ここ百数十年の新宗教の歴史を観れば、教祖の大半は、神がかって、この世的にも変なことを言い出したり、やり出したりして、国家から弾圧を受けて投獄《とうごく》されたりするのが普通だからである。そして現実と理想がかけ離れているからこそ、強力な信仰心が立ち上がってくるからである。

一方、私は、合理的かつ神秘的な法を説く。弟子たちや、信者たちを護《まも》るのも「愛」の一つの形だと考えるゆえである。

二〇一七年　七月十五日

幸福《こうふく》の科学《かがく》グループ創始者兼総裁《そうししゃけんそうさい》　大川隆法《おおかわりゅうほう》

凡事徹底と人生問題の克服　目次

凡事徹底《ぼんじてってい》と人生問題の克服《こくふく》

――悟《さと》り・実務・家族の諸問題について――

二〇一六年十一月二日　説法《せっぽう》
東京都・幸福の科学総合本部にて

凡事徹底《ぼんじてってい》と人生問題の克服《こくふく》

――悟《さと》り・実務・家族の諸問題について――

二〇一六年十一月二日　説法《せっぽう》

東京都・幸福の科学総合本部にて

序　「悟《さと》り」と「実務」に関する質問に答える

大川隆法　少し前に『凡事徹底《ぼんじてってい》と静寂《せいじゃく》の時間』（二〇一六年九月発刊、幸福の科学出版刊）という本を出しましたが、意外にニーズがあったような感じを受けたので、「修行論《しゅぎょう》」に関してはまだまだ足りていないのかなと感じました。そこで、そのつど、付け足していく必要があるのではないかと思っています。

もちろん、みなさんは、悟《さと》りを求めているのだと思いますが、あるときに悟っても、その後も仕事をこなしていく間にいろいろな「迷い」も出るでしょうし、自分自身ではいけると思っていても、「人間関係」のほうで違《ちが》ったものが出てくることもあるでしょう。あるいは、会社の人にとっては関係がなかったような予想外のこと、例えば、「家族問題」で足を引っ張られていることもあるかもしれません。

　そのように、いろいろな問題があるでしょうし、この手のものは延々と出てくるものなので、あまり体系的ではなかったとしても、そのつどそのつど、「必要な教え」を付け足していくことが大事かと思います。

　これは、ある意味で、悟りを目指していく途中《とちゅう》での〝障《さわ》り〟についての話でもあるでしょう。あるいは、それぞれの人にとっての悟りもあるだろうと思いますが、自分なりの悟りを得たあと、つまり、「悟後《ごご》の修

『凡事徹底と静寂の時間』
（幸福の科学出版刊）

『凡事徹底と成功への道』
（幸福の科学出版刊）

行（悟りを得た後《のち》の修行）」をめぐっての、〝さまざまな障害〟が出てくることもあろうかと思います。

そうしたところについての「法」に膨《ふく》らみを持たせたいというのが、今回の法話《ほうわ》の趣旨《しゅし》です。質問を受けて答えていきたいと思います。

Q１　原点を忘れず、また平凡性《へいぼん》に埋没《まいぼつ》することなく仕事や修行《しゅぎょう》を続けるには

質問者Ａ　信仰《しんこう》を持つ者の原点には、「信仰に出合ったよろこび」「真理に触《ふ》れた感激」というものがあるかと思います。

しかし、そのような私たちでも、やがて、結婚《けっこん》をし、家庭生活を営《いとな》むなかにおいて、日常性に埋没《まいぼつ》し、仏法真理《ぶっぽうしんり》に出合った初めの感激というものを忘れてしまって、平凡《へいぼん》な生活に堕《だ》してしまうことも多々あろうかと思います。

日々の仕事のなかで、真理に出合った当初の感激を忘れることなく、さらに、

悟りをいったん得てから、それに安住することなく歩みを進めていく「悟後《ごご》の修行《しゅぎょう》」を続けていく上でのポイントがあれば、ご教示願います。

自分一人分だけでなく、他の人の分まで付加価値を生む仕事をしているか

大川隆法　結局、「自分一人の仕事ができているからいい」と思うのは甘《あま》いのです。「自分は給料や役職に見合った仕事をしているので、いいだろう」と思っている人は、たいていの場合、「自分に対して甘い判断」をしているはずなのです。

例えば、幸福の科学には自分以外にも大勢の職員が働いています。そのなかには、まだ信者を導いたり、信者によろこびを与《あた》えたりするところまで行って

いない職員もたくさんいるのです。そういう人たちをも抱《かか》えている、〝修行の場〟でもあるわけです。そのため、先輩《せんぱい》や先に行っている者が、そうした人たちが成長するまでの間だけ、余分《よぶん》の付加価値や宗教的価値を生み出さなければいけない面もあるのです。

さらに、その職員個人だけではなく、家族まで含《ふく》めた経済的な面について考えるならば、少なくとも職員数の三倍程度の人数に、直接的な影響《えいきょう》はあるでしょう。なかには両親等まで入っている人もいるだろうと思うので、場合によっては、五、六倍ぐらいになるかもしれません。

すると、今、当会には約二千人の職員がいますけれども（説法《せっぽう》当時）、例えば、夫婦《ふうふ》と子供一人という最少の家族構成として考えても、三倍の六千人になります。

その場合、某週刊誌《ぼう》で「数千人しか活動家がいないのではないか」などと書いたところもありますが、もし、数千人程度しか活動家がいないにもかかわらず、それで食べている人が六千人もいるのであれば、とてももたないでしょう。普通《ふつう》は、それでもつわけがありません。

そこまでいかなくとも、職員は、活動家をもっともっと増やすような仕事をしなければ、どうしても彼らの負担が重くなりますし、その〝重さ〟はじわじわと、あちこちにかかってきます。

そうすると、活動家の方々からは、本であろうが作品であろうが研修であろうが、いろいろなところで、「もう少しアイデアはないのか。もう少しヒットさせることはできないのか」といった厳しいことを言われるかもしれません。

ただ、その方向で動くことができればよいのですが、実際には、会のなかで

●**精舎**　幸福の科学の大型の参拝・研修施設。宇都宮、日光、那須にある総本山・四精舎を中心に全国・全世界に展開。聖地・徳島のほか、琵琶湖、湯布院をはじめとする景勝地、東京や大阪、名古屋などの都市部、さらにはハワイ、ブラジル、オーストラリアなどの海外にも建立されている。

信者を〝取り合う〟だけのようになることもあるでしょう。つまり簡単な話で、〝同じ器《うつわ》〟のなかでの取り合いが起きて、精舎《しょうじゃ》同士や、精舎と支部、あるいは支部間で、「〝同じパイ〟からどれだけ余分に早く取るか」というだけになってしまい、会全体として見れば広がらないようなこともあるわけです。

やはり、こうしたことを見抜《みぬ》く目を持っていなければならないだろうと思います。

「自《みずか》らに必要とされている付加価値」を見抜《みぬ》く

●新入社員のケース

自分では一生懸命《いっしょうけんめい》にやっているつもりでいるのに、そのわりには他からの評価が低い人、あるいは、評価が下がっていく人のなかには、「自分に必要とさ

●支部　幸福の科学の活動拠点のこと。日本国内、海外に展開している。仏法真理を地域に伝える伝道活動をはじめ、御法話拝聴会や資格セミナー、祈願、人生相談などを行う。

れている付加価値」に対して見当違《ちが》いをしている場合もあるのではないでしょうか。実はそれは、自分の立場によって変わることがあるわけです。

例えば、「新入社員」などにもそういうところがあります。私が就職した四十年前のころには、「新入社員を一人引き受けるのに、会社の経費は一千万円はかかる」と言われていました。

当時の初任給は十二万円前後だったと思うので、計算すると、ボーナスが入ったとしても、年収は二百万円まで行くか行かないかぐらいでしょう。

しかし、「年収は二百万円程度だったとしても、実は、新人を一人引き受けるためには一千万円ぐらいの費用がかかっており、それが釣《つ》り合うまでにはだいたい四、五年はかかる」と言われていました。

すなわち、新入社員の最初の数年間は、会社は、その人を採用することによって、黒字を生むのではなく、実際には〝赤字〟を生んでいます。あるいは、もう一段、仕事能力が進んだ人の仕事をできなくさせる、もっと言えば、〝足を引っ張る効果〟があるわけです。

そういう意味では、素人《しろうと》が入らないほうが仕事は進むのでしょうが、そうは言っても、「次の人材」も育てていかないと、いずれ会社が傾《かたむ》いていくのは確実なので、やはり、その部分も考えておかなければならないわけです。常に、そういうところが要《い》るのではないでしょうか。

幸福の科学において運営や仕事をしているなかでも、いろいろなところから不平不満やクレームが来ることもあるのですが、それらは直接言われていることとは〝別の部分から回ってきて〟出ていることもあります。そうしたクレームを出している本人もそのことに気づいているわけではなく、実は「別のところに反応して言っている場合もある」わけです。

そういうこともあるので、集団で〝修行の場〟を維持《いじ》するのも、そう簡単なことではないと思います。

● 孫正義《そんまさよし》・柳井正《やないただし》・鈴木敏文《すずきとしふみ》氏の後継者《こうけいしゃ》選びに見られるケース

これは、幸福の科学のなかだけではなく、世間《せけん》を見てもそうでしょう。

例えば、ソフトバンクの孫正義《そんまさよし》氏であろうと、ユニクロの柳井正《やないただし》氏であろうと、一代で企業《きぎょう》を急成長させたような人の場合は、「いいかな」と思って、よそから呼んできた人を副社長に据《す》え、いずれはその人を社長にして、自《みずか》らは引退できる格好にしようとしても、二、三年以内にまた元へ戻《もど》ったりすることがよくあります。

やはり、仕事としてかたちが決まっていて、だいたい見えていると思われるものでも、微妙《びみょう》な〝さじ加減〟が違うのでしょう。

ユニクロの柳井氏は五十五歳《さい》ぐらいで引退しようとして、社長として外部の人を呼んだにもかかわらず、結局、三年以内に復帰しています。

また、ソフトバンクの孫氏も同様に、後継者《こうけいしゃ》となる人を呼んできたのに、やはり、すぐクビにしてしまいました。

あるいは、今であれば、『蓮如《れんにょ》の霊言《れいげん》　宗教マーケティングとは何か』（幸福の科学出版刊）に出てくる鈴木《すずき》敏文《としふみ》氏も、セブン＆アイ・ホールディングスの会長を退《しりぞ》かれましたが、同社がこれからどうなるか見物《みもの》ではあります。

鈴木氏ならば、現場主義を取らなくても、全二万店舗《てんぽ》あるセブン‐イレブンのデータだけを見て、「ここでは、これを売れ」という判断ができましたが、次の人にそれができるかどうかは、けっこう難しいところがあると思います。間違う可能性は極《きわ》めて高いでしょう。

一般《いっぱん》的には、「その店で売れている物を売りたい」というのが当然のことなので、それを見ていない本部で数値だけを見て判断するのは、簡単なことではありません。やはり、「才能」というものがあることはあります。そういう意味で、難しいとは思います。

置かれた環境《かんきょう》によって、自分の生む付加価値は変わる

自分としては、「その時点で合格点だ」と思っていたものであっても、立場が上がったり、部下ができたり、あるいは、家族ができたり、違う場所に移されたりすると、とたんに付加価値を生まなくなるようなこともあるわけです。

また、各人にとっての〝専門だけ〟でずっと行《い》ってもらってもよいのですが、それだけでは「組織全体を見る幹部」にならないことがあるので、組織としては、ほかの部署に異動させたりすることもあります。そのときに、その仕事に慣れていないためにカクッと落ちることもあるでしょう。

幸福の科学であれば、精舎で研修講師や祈願《きがん》導師を十年も務めていて、そうしたことについては自信満々で、得意とする人であったとしても、まったく違う部署にパッと移されたら、とたんに、陸《おか》に上がった河童《かっぱ》のようになってしまうことがあります。

ただ、その人を「教団全体を見ることのできる幹部」に育成しようとするのであれば、ほかの経験も積ませなければいけません。そのときに、当然のことながら、今まで自信満々だった人がストンと落ちるという経験をすることになります。

大きな組織ではだいたいそういうことが多いでしょうが、「全体を見る幹部」を育てようとすれば、その人を短い期間でいろいろなところに回していくようになります。そうすると、なかなか仕事をマスターできないので、比較《ひかく》的早いうちに「全体をつかむ目」を養わなければ、どこへ行っても中途半端《ちゅうとはんぱ》な仕事しかできなくなって、残念ながらうまくいかないこともよくあるわけです。

また、十年も二十年も、〝その道一筋《ひとすじ》〟でやっているような人が部下にいた場合は、逆に〝追い出される〟こともあります。

そういうことは銀行などでもよくあります。支店長は一つのところに三年以上置いてくれることなどまずないので、下にいる人のほうがそこで長く勤めていることがよくあって、地元の人とか、あるいはそこで二十年も働いているような人がいるわけです。そのため、支店長は顧客《こきゃく》に何か訊《き》かれても全然分からないので、下のほうに訊かないといけないことが多く、実力を発揮できないまま、〝お飾《かざ》り〟のようになることもよくあります。

そのように、仕事というものは、「できた」と思っても、実は、環境を変えればあっという間に変わってくるものなのです。

しかし、「環境を変える」というのは、自分だけで変えられるわけではなく、もう一段上から、その人の教育のために考えている人もいるわけなので、このあたりは難しいところでしょう。

いずれにせよ、「自分はこの程度できればいける」と思っているものが甘くないかどうかの確認は、常にしておいたほうがいいと思います。いつも自分に対してある程度「厳しい目」を持っていないと、たいていの場合、伸《の》び切った竹が枯《か》れていくように、いつの間にか青竹《あおだけ》ではなくなっていて、邪魔《じゃま》になっていることもあるのです。

やはり、年齢《ねんれい》にかかわりなく、常に新しいところにも関心を持って、「新規の部分」を付け加えられるような自分に成長していく努力をしないと、自分自身は何とかなっても、自分以外の人にまで責任を持てません。そういうことは、よく知っておいたほうがよいのではないでしょうか。

Q２　「仕事」と「家族」のバランスをどう考えるか

質問者B　宗教修行者《しゅぎょうしゃ》に限らず、仕事をしている人は、家族のように切っても切れない関係や、肉親の「情《じょう》の部分」などで悩《なや》みをつくることが多くあります。

その解決のために、どこまで労力をかけ、どこからそれを見切っていけばよいのでしょうか。その「バランスの取り方」についてと、また、そうした諸問題を智慧《ちえ》に転化し、自《みずか》らの血肉《けつにく》にしていくための方法について、お教えいただけたらと思います。

幸福の科学の幹部として生き残っている人たちの特徴《とくちょう》

大川隆法　人は、肉体という意味においては、それぞれの魂《たましい》が〝一国一城の主《あるじ》〟としてやっているので、その人でなければできないことはあります。

家族といえども「他人《たにん》の始まり」というところはあり、やはり、できることとできないことがどうしても出てきます。それは、粘土《ねんど》をこねるように、いじれば「まだ変えられる部分」と、「これ以上はもう変えられない部分」とがあるのです。

例えば、カップをつくるときには粘土をこねてつくりますが、焼き上がったカップにそれ以上の圧力を加えれば割れてしまいます。それは、お皿でも同様です。

　そのようなところがあるので、「個性」が固まっている場合には、ほかの人が一定以上言っても駄目《だめ》な場合もあります。そのときは、もはや変えられません。その焼き上がった姿のままの皿や茶碗《ちゃわん》、湯呑《ゆの》みとして、使えるところで使わないかぎり無理なのです。それ以上のことを要求した場合には、〝壊《こわ》れる〟ようなことが必ず起きます。このあたりの「見切り」は、とても難しいところなのです。

　ただ、幸福の科学の幹部のなかでも、ある程度の高弟《こうてい》の立場で長年生き残っている人を見ていると、その特徴《とくちょう》として、全体的に、やはり「家庭問題を見せない」というか、「感じさせない」ような人が多かったことは事実です。実際には何かしらあるのでしょうが、それを感じさせない人が多かったのです。

「あの人、実はこうだったんですよ」というようなことを、あとでいろいろと聞いて、「うわっ！　そんなことがあったのか。それは、ちょっと気が回らなかった。すまなかったかな」と思うようなことはあります。高弟で長くいる人には、だいたいそういうタイプが多いのです。

そういう人が、熱心に長時間仕事をしていて、土日もないような感じの働き方をしていると、必ず家庭にしわ寄せが行くはずなのです。もし、それでももっているのであれば、実は、奥様《おくさま》もそうとうできた人なのだろうと、間接的に推察するのみです。

幸福の科学の秘書的部門である宗務《しゅうむ》本部系の男性は、結婚《けっこん》するころに一回は外（他部署）に出して〝放牧〟し、結婚後、安定したら戻《もど》ってくるということがよくあります。

宗務本部では知り合う機会が少ないのかもしれませんが、やはり、以前に宗務本部にいたような人と結婚することが多いことは多いのです。

そうすると、家庭の仕事を奥さんにほとんど任せて、自分ではしないという感じで、独身時代と変わらないような仕事をしている人がたくさんいます。その部分を奥さんのほうが〝吸収〟してくださっているのでしょう。

そのように、いびつなところもあると思いますし、家庭の父親としてやるべき仕事はもっとほかにもあるのでしょうけれども、そのあたりが厳しいところでしょうか。やはり、心を鬼《おに》にして仕事のほうに特化しなければ、生き残れない面があるようです。

基本的に宗教団体はローコストになっている

そういうところと比べると、幸福の科学の総合本部のほうは、私の目があまり届いていないせいか、まだかなり甘《あま》いことは甘いのです。

いろいろと事情があって〝サボったり〟している人もいるらしく、「ええっ⁉ それでいいんですか」というようなこともけっこう聞くのですが、それで済むようなところもあるようなのです。

すでに二十五年ぐらい前に、ほかの宗教教団から来た人から、「幸福の科学の職員の数は、だいたいほかのところの二倍はいますね」ということを言われました。「だいたいみんな、暇《ひま》していますね」と言われていましたが、それが精神統一になっているのかどうかは分かりませんし、勉強になっているのかどうかも分かりません。今でも、それから変わっていないようです。

それは、幸福の科学出版を立ち上げるために、創価学会《そうかがっかい》の元幹部に、たまま一年ほど手伝いに来てもらったときのことです。

その当時は、紀尾井町《きおいちょう》ビルに総合本部がありましたが、その方がフロアに入ったとたん、（仕事を止めて）すぐに立ち上がる人が半分ほどいたのを見て、「あっ、これはかなり人が余っています」というようなことを、その人が言っていたのです。

実に厳しいことですが、それを見ただけで、そう言ったわけです。「これは仕事がない証拠《しょうこ》です」と言われました。

一方、CO_2を出さないために、原宿《はらじゅく》から山梨《やまなし》へ移った某《ぼう》教団があります。当会にはその教団出身の職員もいたのですが、その人は、「（その教団では）午前中で仕事が全部なくなる」と言っていました。仕事がなくなった場合には、「本を読んでいればよい」ということで統一されていたそうです。

そこの初代の人は早稲田《わせだ》の予科を中退して教団を始めたので、その元職員もそれを見習ったようで、大学を中退していました。そして、二十歳《はたち》ごろからその教団で働いていたようでしたけれども、初めのころの給料は十万円ぐらいで、十年ほど勤めても十数万円程度だったようなので、給料の上がり方はけっこう厳しい感じでした。いてもいなくてもよいような仕事だと、給料の上がり方もずいぶんゆっくりとした感じになるのでしょう。

そういう意味では、基本的に、宗教団体は、だいたいローコストになっていると言えるかもしれません。

家族問題を仕事に影響《えいきょう》させない人は力がある

幸福の科学の場合は、ほかの宗教団体とはもう一段違《ちが》う動きを持っていた面もあることはあるのですが、長年やっているうちに、〝動き〟としては、だんだん、やや〝凡庸《ぼんよう》化〟してきた面はあるのではないかと思います。

「それほど無理をせずとも、何とかやっていける」ぐらいの感じに思っているところがあるのでしょう。

つまり、「あまり頑張《がんば》りすぎると、翌年《よくねん》、翌々年に、さらに目標を上げられることになってしまうかもしれないので、それは困る」などと考えて、あまり無理をしないような、〝上手な処世術〟が身についているところもあって、そこまで無理をしないようなところがあります。

そのように、家庭問題と連動する部分については難しいところがありますが、会社が赤字だったり、倒産間際《とうさんまぎわ》だったりという危機的状況《じょうきょう》であれば、もはや、そんなことは誰《だれ》も言っていられません。そういうときには、休日返上で、家にも帰れないような状況で働くこともあるでしょう。

幸福の科学においても、マスコミに叩《たた》かれて、経営的にやや厳しくなった時期が一度だけありましたが、幸いにして、それ以外には、そこまでの危機に陥《おちい》ったことはあまりなく、ある程度余力のある運営をしてきたのもあって、多少、〝緩《ゆる》い〟ところはあるかと思います。

そうしたなかでも、家族のことで甘えが出てくることもあるので、そういうところを極力見せないようにして仕事ができる人というのは、やはり、「ある程度、キャパシティーがある」ということなのでしょう。

例えば、幸福の科学の現理事長の家族のことについては、私はさっぱり知らないのです。そういうことについて一言《ひとこと》も話をしたことがなく、聞いたこともありません。どういう感じなのかを知らないのです。生きているのか死んでいるのかも知りません。もしかしたら、死んでいるのかもしれないし、生きているのかもしれないけれども、さっぱり分からないのです。また、ほかの人が報告してくるようなこともまったくありません。ほかの人も報告してこないので、そういうことは、おそらく、本人が話さないということだと思います。ですから、まったく分からないのです。

このように、家族のことがとてもよく分かる人もいるし、まったく分からない人もいるのです。

家庭問題はあっても構わないのですが、概《がい》して見ると、「それ（家庭問題）を仕事のほうに影響《えいきょう》させないようにするタイプの人」、および、「そうしたマイナスの事情が発生したときにも踏《ふ》ん張って、それを逆転させてプラスに転じていくような人」の場合は、何とか生き延びつつ、仕事を前進させていく力があるのではないかと思います。

逆境期には、仕事の量を増やすか、質を上げること

私は、家庭問題等をあまり隠《かく》せるタイプではないほうですが、ただ、基本的には、逆境になると奮起する傾向《けいこう》があります。

要するに、全体的に見て、不調和な状況、あるいは、難しいかなというようなときには、だいたい、仕事量は増えることになっています。

本当は、環境《かんきょう》のよいほうが仕事はよくできるはずなのですが、実際には、環境の悪くなるときのほうが仕事量は増えているのです。

この部分を埋《う》めているものは、やはり、「気力」や「根性《こんじょう》」のようなものでしょうか。あるいは、私自身、生まれつきちょっとヘソが曲がっている面もあるのかもしれませんが、逆境になると強くなるところがあり、不利な状況にな

ると奮起する傾向があります。

ただ、これは、当会の職員にとってはありがたいことかとは思うのです。何か問題が起きたら、上にいる者がすぐ駄目になって仕事をしなくなるようであれば、この先、困るでしょう。そういう不利な状況になると、奮起して粘《ねば》ってくれるようであれば、「来年も再来年も、まだ生きていけるかもしれない」という希望もあるでしょう。

そのようなわけで、まったく外に出さないタイプの人もいれば、どうしても分かってしまう人もいるでしょうが、いずれにしても、そうした逆境期には、自分なりに、「もっと仕事の量をこなしていく」ことです。もし、時間的にどうしても量を増やすことができないのであれば、「質のところでもう一段カバーする」のです。

例えば、家族に病人が出て、誰かが看病しなければいけなかったり、病院に行かなければいけなかったりすることになったら、時間を増やすわけにはいかないので、減ってしまった分をカバーしなければいけないところがあるでしょう。

父親の急病時であれば、妻が病院に詰《つ》めて看病しなければならなくなった分をカバーすべく、夫のほうは子供の世話や家事をする必要に迫《せま》られるようなこともあるでしょう。それを理解してくれる上司もいるかもしれないものの、上司にはあまり知られたくないような事情がある場合もあるわけです。

そして、そうした情報がまったく上司に知られていないようなときに限って、「何だか仕事ができていないな。ちょっと沖縄《おきなわ》にでも行って、修行してこい」という人事が出てしまうようなこともないわけではないので、余計に難しくなることもあるでしょう。

そのように、時間的にどうしても延ばせないような場合には、やはり、「ピンポイントで仕事の質を上げていく」ことが大事です。要は、「効果的な仕事を手早く仕上げていく」ことが大事ではないかと思います。

仕事の質に差がなかったり、分からなかったりする場合は、長時間やっていれば働いているように見えるし、休日もいつも働いていると、働いているように見えるでしょうが、そういう危機的な状況のときには、何としても能率を上げるなり、〝新兵器〟を開発するなりの努力が要《い》るでしょう。

幸福の科学において「逆境を仕事の種に変えた」例

あるいは、逆境の部分を、今度は何かしら「仕事の種」になるように上手に変えていくことが重要です。

昔、教団を始めたころは、「悪霊《あくれい》」がけっこう多く現れました。ですから、悪霊がたくさん出てきて迷惑《めいわく》するたびに、私は、よく「仕事のネタ」に使っていたのですが、最近は信者のみなさんの修行も進み、悪霊の出方《でかた》が少なくなったために、〝悪霊の豊作〟ならぬ〝不作〟が続いているのです。教団全体としての修行が比較《ひかく》的よくなっているのかもしれませんが、悪霊は少なくなってきています。

ところが、今は、悪霊に取って代わって、「生霊《いきりょう》」が増えてきているのです。生霊とは何かと言うと、基本的には、「個人の主張する念《おも》い」が霊的に現れたものです。

これは、今、私が説法《せっぽう》のほうを優先にし、個人相談や会議等についてはかかなり減らして、「それは自分たちで解決しなさい」ということで、多少、突《つ》き放していることも関係しているかもしれません。さまざまな不満が通らなかったり、解決しない問題があったりして、それが強くなっていくと、実際に生霊となってこちらに〝飛び越《こ》えてくる〟ようなことが増えるのでしょう。ただ、これも「仕事の種」にはなるので、ありがたいと言えないこともないのですが。

今日も、こんな話をしているというのは、「生霊が盛《さか》んに来ているので、質問のかたちできちんと一般《いっぱん》化して『仕事の種』にしつつも、『実際に何かの参考になるといいな』」というような考えでやっているのです。タダで相談を受けるだけで時間を潰《つぶ》すと、私の時間ももったいないので、何らかのかたちでほかの人にも学んでもらえるものにしなければ損だという気持ちがあります。

そこで、そうしたことを一般化しつつ、参考になることをお話しできればよいなと思って、今回の法話を行《おこな》っているわけです。個人と面談をするのは、時間が無限にかかるものなので、実際には、できるものではありません。

現代において、家族問題は逃《に》げることができないテーマ

さまざまなことを述べましたが、家族問題は逃《に》げられるものではないのです。誰も逃げられないものではありますが、悟《さと》りにとっては、ある意味において、ヤスリをかけるような面もあるわけです。

そのままであればスッと行けるところを、何らかの家族問題が起きたために、悩みが生じることがあります。そのなかで同じような心境を保てるか、あるいは、同じような修行や勉強が続けられるかです。

また、自分自身にそういう問題が起きたのに、例えば、精舎《しょうじゃ》の講師として説

教を垂《た》れることができるか、支部長として人生相談を受けることができるかというと、自分ではそれができないのに、人に対してだけ言うのは、けっこう苦しいものがあります。こうした良心の葛藤《かっとう》が出てくるわけですが、やはり、力量的には上でなければいけません。

そこで、グーッと（生活の）レベルを落としていくと、どうなるでしょうか。原始仏教、お釈迦《しゃか》様の時代のように、みな独身になって、生活レベルをグッと下げれば、家族問題は発生しないのです。独身であれば発生しないことになります。「十二因縁《いんねん》」などといっても、結局、「異性への欲望を完全に断《た》ってしまえば、結婚もせず、子供もできず、老後の心配もないから、涅槃《ねはん》に入《い》るのは簡単だ」ということになるでしょう。

そして、「異性への欲を断つ」という意味では、一日一食にするのがいちばんよいわけです。一日のうちの朝だけ托鉢《たくはつ》をし、あとはもうしないのです。一日一食ならば、ひもじいので、あとは横になって昼寝《ひるね》でもしていなければ動けません。力が出ないし、エネルギーも消費するため、昼間は寝ていて、夕方になったら、ちょっと説法をするぐらいの感じでしょうか。その程度なら、一日一食であってもできます。

ただ、これはきついでしょう。一日一食というのは、必要カロリーをかなり

●**十二因縁**　仏教の基本的考え方の一つで、無明《むみょう》から苦しみが生まれる原因・結果の過程を示した十二の段階のこと。「無明、行《ぎょう》、識《しき》、名色《みょうしき》、六処《ろくしょ》、触《そく》、受《じゅ》、愛《あい》、取《しゅ》、有《う》、生《しょう》、老死《ろうし》」を指す。順に前のものが後ろのものを成立させる条件となっている。『悟りの挑戦（上巻）』（幸福の科学出版刊）第6章「業《ごう》と輪廻《りんね》」参照。

カットしています。確かに、それでは性欲も絶えてきます。一日一食になると、そういうものはなくなってくるのです。異性を見ても、関心も何もなくなってきます。結婚する意欲もなくなります。ですから、家族もできません。確かに、死んでも執着《しゅうちゃく》もありません。

やせ細《ほそ》り、シワだらけになって死ねるわけですから、もはやこの世に執着はありませんし、長くはいたくもないと思います。やせ細って骨と皮だけになって死んだら、もうこの世に帰ってきたくもなくなり、涅槃に入って、「はい、さようなら」ということで〝ネバー・カムバック〟になるでしょう。

もちろん、そういう悟りもあろうかとは思うのですが、現代においては少々寂《さみ》しすぎるのではないでしょうか。今では、もう少し進んでいるので、コンビニエンスストアで用を足して終わりにするぐらいの生活レベルで、最低ライン

●涅槃　仏教の教えで言う煩悩の火を吹き消した状態（ニルヴァーナ）。すべての束縛から解脱した結果、得られる悟りの境地のこと。仏教における目標、目的とされており、三法印《さんぼういん》（教えの旗印）の一つとして涅槃寂静《ねはんじゃくじょう》を立てる（『悟りの挑戦（下巻）』〔幸福の科学出版刊〕第３章「涅槃とは何か」参照）。あるいは、入滅、死去を指す場合もある。

を引いているのかもしれません。

これに「欲」を一つ足していき、家族を持つ、子供を持つ、子供が増える、あるいは、自分の父親・母親、そして、奥さんのほうの父親・母親の問題や、きょうだいの問題まで入ってくると、やはり〝重く〟なります。

そうしたものをどの程度まで背負えるかということは、やはり、個人個人の問題ではありますが、アドバイスできるところや背負ってあげられるような部分もあるだろうと思います。

「厳しさ」と「優《やさ》しさ」を併《あわ》せ持ち、「見切る」ことが大事

ただ、アドバイスだけはできても、実際のところまでは、「時間」や「体力」等を使えないこともあります。あるいは、金銭的にだけ補助できる場合もある

でしょうし、金銭的にも補助できない場合もあると思います。●光明《こうみょう》思想だけで通る場合もありますし、励《はげ》まして元気になる場合もあります。

また、事業に行き詰まっていたり、仕事に失敗していたりということであれば、〝撤退戦《てったいせん》〟を勧告《かんこく》しなければいけないこともあります。「これは、もうやめたほうがいいですよ」と言わなければいけないこともあるでしょう。

そのように、いろいろな場合がありますが、「判断」として言えることは言えますし、「意見」として言えることは言えるのです。ただ、「四六時中付き合って、その解決に当たる」というように、愚痴《ぐち》を延々と聞き続けるような状態にはできないということは、当然あります。

その意味での「賢《かしこ》いアドバイス」や「判断」、そして「見切り」、あるいは、「理性的な距離《きょり》の取り方」というか、ある意味での〝冷たさ〟は要るかもしれ

●**光明思想**　光によって闇を打ち破っていく考え方で、物事の明るい面、積極的な面を強調して見ていこうとする思想。その根本は、「よい種をまけば、よい刈り入れがある。よい結果がある」という縁起の理法に通じている。

ません。

例えば、子供がいる人であっても、出来のよい子もいれば、悪い子もいるでしょう。出来のよし悪《あ》しがあるのであれば、やはり、子供にかける時間にも「見切り」は要るだろうと思うのです。

「この程度で見切って、我慢《がまん》してもらわなければならないな。今後、一生、厚い〝手当て〟をしてやれるわけではないし、自分の仕事ができなくなったら、一家心中になってしまう」ということであれば、その〝低いサービス〟でも耐《た》えて強く生きていく道を教えなければいけないわけです。やはり、「自分でやれることはやりなさい」と言わなければいけなくなります。

そういった「厳しさ」と「優《やさ》しさ」を自在に調整する必要はあるでしょう。すなわち、「寛厳自在《かんげんじざい》さ」です。これを持っていなければいけません。

このように、「悟りたる者」としての生き方のなかには、「優しい面」もありますが、やはり、「厳しい面」もあるのです。

最後は、本人自身で解決しなければいけない部分は残る

特に、人間関係の距離の取り方というのは難しいと思います。「私は悟ったので、何でも相談してください」「悩みはすべて解決します」と言っても、実際にはそうはいきません。悩みをたくさん抱《かか》えている人の場合は、それが延々と続いていきます。一つ解決しても、翌日も翌日も翌日も、新しいものが出てくるものです。

そうすると、結局、ほかの人の悩みを聞いてあげられる時間がなくなっていきます。つまり、それは「人を救っている」と思っていても、実は、相手の

「奪《うば》う愛」の部分を増大させているようなところもあるわけです。

そのため、自分に甘い人に対しては、厳しさや、あるいは、あまり際限なく付け込《こ》まれないようにする面を持ち、〝(扉《とびら》を)開《あ》けすぎない〟ようにしなければいけないところもあるのではないでしょうか。

したがって、「寛厳自在な部分」が、非常に重要なところであると思います。講師として、相手の悩みにすべては答えられず、救い切れない面は当然あるでしょう。

ただ、第三者の目で見て、「それはちょっと行きすぎているのではないでしょうか」「そこは欲が過ぎているのではありませんか」と思うような部分については、やはり、ピシッと言ってやることで、〝悩みの糸〟が切れるところもあろうかと思います。

もちろん、完全には救えないかもしれませんし、最後は本人自身の問題になりますけれども、そこで踏みとどまる勇気もまた要るのではないでしょうか。たいていの場合は、幸福の科学の「教え」のなかに答えが書いてあることが多いのです。「どの部分を取り出して自分に当てはめるか」ということが難しいだけのことであって、答えはほとんど出ているのです。自分に関しては、みな、「甘い」ので分からないだけなのです。

ですから、第三者の目で「その人に必要なものは何か」を考えてあげられたとしても、各自で解決しなければいけない部分が、最後には残るということです。そういうことを知っておくのも大事なことかと思います。

Q3 仕事と経営において「悪魔《あくま》の攻撃《こうげき》」をどう防ぐか

質問者C　本日はありがとうございます。

私からは、仕事や経営における霊的《れいてき》な部分のリスクについてお伺《うかが》いします。

大きな仕事をしようとすると、どうしてもそれを妨害《ぼうがい》しようとする勢力、霊的に言えば、悪魔《あくま》からの影響《えいきょう》というものが出てくるように思います。幸福の科学においても実際に、これまでにも、非常に重要なポストにいた方のなかには、悪魔に入られて抜《ぬ》けなくなり、結局、元に戻《もど》れなくなってしまった方もいらっしゃいました。

そこで、今後も予見される、悪魔に狙《ねら》われるケース、および、その予防・対処法についてご教示いただければ幸いです。

また、先ほどのお話のなかで、「後継者《こうけいしゃ》は、先代との微妙《びみょう》な〝さじ加減〟の差を感じることが大事だ」という趣旨《しゅし》のお話もございましたが、そのあたりも含《ふく》めて、どういったところに気をつけたらよいのか、また、どう対処していけばよいのかをお教えいただければと思います。

延々と気にしている「悩《なや》み」は悪魔《あくま》の攻撃《こうげき》ポイント

大川隆法　人間は、立場が上がっていくと問題も多くなるとは思います。ただ、悪魔《あくま》も暇《ひま》ではなく、〝ぺーぺー〟というか、〝ヒラ〟にずっと取り憑《つ》いているというのは、時間効率としてはとても悪いのです。もし、新入職員に取り憑き、一年中そこにいたならば、悪魔としては失格でしょう。悪魔も、そんな仕事をしていては、もっと上の悪魔に怒《おこ》られ、許されません。「おまえ、もうちょっとちゃんとした仕事をしろよ！　もっといいところがあるだろうが」という感じで、〝効果的な仕事〟をするように指導されるわけです。

（聴聞《ちょうもん》席の理事長を見て）例えば、幸福の科学の理事長であれば、お坊《ぼう》さんに近づきたいと考え、「たとえ髪《かみ》の毛が薄《うす》くても、悟《さと》りには、いっこうに支障はない」と思っていることでしょうが、もし、「髪の毛があと二センチあれば、自分はどれほど見た目もよくなり、人から尊敬され、人気が出るかも分からない」などといった悩《なや》みを持っていたとしたら、これは〝攻撃《こうげき》ポイント〟でしょう（会場笑）。

アデランスにするか、植毛にするか。あるいは、ほかの人がそういうものを勧《すす》めたりすると、心が迷い始めて、それが四六時中離《はな》れないようになります。たまたま女性幹部から、「理事長、現代はいろいろなものが発達しているので、やはり、ちょっとは考えたほうがいいですよ」と言われたら、心が揺《ゆ》れたりするわけです。

そして、ついつい出来心でフサフサの髪にしてしまったところ、今度は奥《おく》さんのほうが、「あなた、その年になって急に髪がフサフサになるなんておかしいわよ。何かあるんじゃないですか」と言い出し、家庭騒動《そうどう》が起き始めたりして、そこに隙《すき》ができると、ズボッと攻《せ》められることもあるかもしれません。

あるいは、「理事長は精力絶倫《せいりょくぜつりん》でかっこいい男性なので、憧《あこが》れてはいるけれども、髪の薄い人だけはどうしても耐《た》えられない」と言う女性がいたとして、そのように、たまたまフサフサになったら、「うわっ！　やっぱり魅力《みりょく》的になったわ」という感じで、二、三人押《お》しかけてくるかもしれません。

そういう場合、悪魔としては「しめしめ」で、「これは何か罠《わな》でもかけられるのではないか」と思われる恐《おそ》れもあるでしょう。

もちろん、普通《ふつう》の人にとっては、割り切ってしまえばどうということもないし、悩むほどのことでもないのですが、割り切れずに延々と気にしている人にとっては、大きな問題になることもあるわけです。

もしくは、結婚《けっこん》のときに、「頭が禿《は》げたら離婚《りこん》する」という条件があったとして、「うちの家系は禿げていないから大丈夫《だいじょうぶ》だろう」と思っていたら、仕事があまりにもきつすぎて、自分だけは意外に早く禿げ始めたというようなこともあるかもしれません。

もちろん、これは〝もののたとえ〟なので、そういう人に対する差別があればお許しいただきたいと思います。

「生霊《いきりょう》」が原因で円形脱毛症《だつもうしょう》になることもある

実は、二〇一六年の年初から五月ごろに、大川紫央《しお》総裁補佐《ほさ》に銭禿《ぜには》げのようなものが幾《いく》つかでき、心労してしまいました。それがだんだん大きくなってきたので、これはおかしいと感じ、（霊的原因を探《さぐ》るための）〝銭禿げリーディング〟を行《おこな》ったのです（笑）。銭禿げに指を当てながら、「なぜ、おまえのところの毛が抜けた？　理由を説明せよ」と、何カ所かの銭禿げに対してリーディングをかけたわけです。

すると、ちゃんと〝犯人〟は出てきて、三体の生霊《いきりょう》が銭禿げをつくっていることが、はっきりと分かりました。

この年の夏に、突如《とつじょ》、「『円形脱毛症《だつもうしょう》回復祈願《きがん》』――エドガー・ケイシー特別霊指導――」をつくったのは、そういう実情があってのものなのです。

ともかく、総裁補佐の頭は三カ点ほどやられていたのですが、「円形脱毛症回復祈願」を行《ぎょう》じたところ、見事に毛が生《は》えてき始め、今では、ほかの毛よりも一・五倍ぐらいの太さで、竹のように隆々《りゅうりゅう》と生えています。生霊に打ち勝ったわけです。

●リーディング　霊を調べること（霊査）、霊的に探ること（スピリチュアル・リサーチ）。リーディングには、対象者の過去の状況を透視する「過去世リーディング」や、地球人の「魂の記憶」を遡り、地球に来る以前の部分を呼び出して対話をする「宇宙人リーディング」などがある。

ちなみに、生霊の意見を聞くと、「総裁補佐は恵《めぐ》まれすぎていて、嫉妬《しっと》を禁じえない。頭の毛でも禿げたら、追い出されるのではないか」ということでした。そういう念が集まっていて、それにやられて部分的に攻略され、毛が抜け落ち始めていたようです。

本人も心配して、「もし禿げて〝ザビエル様〟になったとしても、置いてくださいますか」と言っていたので、「うーん、どうしようか。まあ、カツラを着ければいいか。植毛という手もあるな」などと、本当に冗談《じょうだん》ではなく話していました。

ただ、祈願を毎日行ったところ、よく効き、毛が隆々と生えてきて、いちおう生霊に勝ったのです。

このように、生霊によって毛が抜けることはけっこうあって、そういうとき

●「『円形脱毛症回復祈願』―エドガー・ケイシー特別霊指導―」　幸福の科学の精舎で行われている祈願の一つ。円形脱毛症を生じさせる原因となっている生霊や悪想念を退散させるとともに、祈願を受けた人は大いなる光に護られる。

には祈願が効く場合もあります。これは、目の前で実際に見たので、本当に効くということがよく分かりました。

要するに、「ここを攻撃すれば、この人の仕事能力や魅力などの引き上げポイントが落ちる」というようなところがあると、そこを狙ってくることがあるわけです。女性であれば、「外見」や「美貌《びぼう》」のところは男性よりも大きく感じるでしょうし、男性であれば、「仕事そのもの」のところを攻めてくるかもしれません。

悪魔《あくま》に狙《ねら》われないための「三福《さんぷく》（惜福《せきふく》・分福《ぶんぷく》・植福《しょくふく》）」の説

いずれにせよ、他人《ひと》よりも高い地位に上がっている人は、そこまで行きたくても行けない人から、羨望《せんぼう》や嫉妬の思いなどで常に見られているだろうと思います。

もちろん、こうしたものは誰《だれ》でも、ある程度は持つものですが、そこに一定の複数性のようなもの、複数の人が持ちやすいような傾向《けいこう》が出てきた場合は、悪魔《あくま》の狙《ねら》いやすいポイントになります。

これを防げるかどうかというところが、極《きわ》めて難しい点ですが、基本的に、いわゆる「三福《さんぷく》の説（惜福《せきふく》・分福《ぶんぷく》・植福《しょくふく》の幸福三説）」のようなことを常に考えておいたほうがよいのではないでしょうか。

●「惜福《せきふく》」――出世した後《のち》の心構え

まず、「惜福《せきふく》」とは、自分が恵まれた地位に就《つ》いたり、収入が大きくなったり、その他、人から見ればうらやましいような何らかのプラスアルファが出たときに、それをやや惜《お》しむことです。

幸田露伴《こうだろはん》が述べていたたとえには、「新しい服を買ってやったら、古い服はまったく着なくなって、新しい服ばかりを着たがるような子よりも、ちゃんと古い服も着ながら、新しい服は大事なときに取っておくような感じの子のほうが将来性はある」といったものもありました。これは、自分に余分の福が来ても、それをありがたいことだと思って大事に使うような気持ちでしょうか。

例えば、何かのポストに就けるにしても、

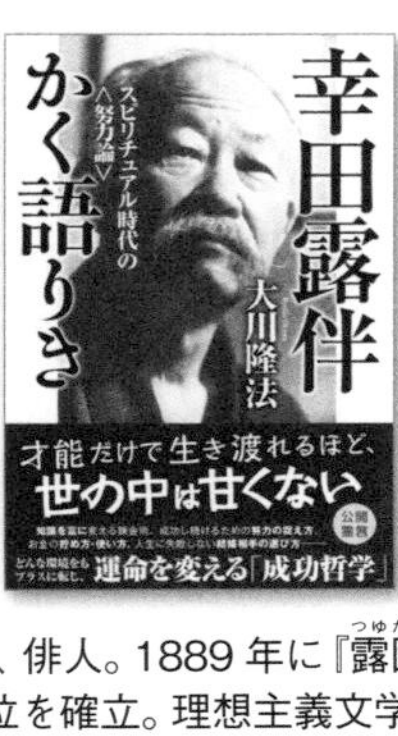

幸田露伴（1867 ～ 1947）　小説家、随筆家、俳人。1889 年に『露団々《つゆだんだん》』で文壇に登場し、『風流仏《ふうりゅうぶつ》』『五重塔』などで作家の地位を確立。理想主義文学の担い手として近代文学の一時代を築いた。随筆や史伝に『努力論』『運命』等がある。（上右）は『幸田露伴かく語りき―スピリチュアル時代の〈努力論〉―』（幸福の科学出版刊）。

「本当はまだちょっと無理かな」「実績から見てまだ早いかな」とは思っても、「とりあえず〝実験〟で、ひとつ就けてみるか」というようなことがあると思います。

そうなったときに、「私にはそれほどの実績もないのに、こんなに偉《えら》くしてくださって……」というような気持ちになることはあるのですが、一カ月もすると忘れてしまって、〝当然〟のような気になってくることもあるわけです。

しかし、「これだけの私が」と思っていても、仕事ができなくなったり、収《しゅう》穫逓減《かくていげん》になってきたりすると、今度は〝外される〟こともあります。

やはり、こういうときには、「実力が足りないけれども、今、こういうポストを頂いた」と自覚しているところを十分に大事にしながら、足りないところを補いつつ、努力するべきでしょう。あるいは、実力的にまだそこまで行っていないと思うなら、言葉を慎《つつし》んで、偉そうに言いすぎないように気をつけなければいけません。

●「分福《ぶんぷく》」――ほかの人にも光を当てる

また、「分福《ぶんぷく》」としては、「自分もこのような果報を得たので、ほかの人のいいところがあったら、見つけて取り立ててあげたり、光を当ててあげたりしたほうがいいな」というようなことも一つでしょう。

「この人はちょっと見落とされているのではないか。実際上、頑張《がんば》っているし、能力もあるのに、PRが下手《へた》なので取り残されているな」と思うような人に、チョッチョッと光を当ててあげたり、ほかのところに、「この人を忘れているのではないでしょうか。もうちょっと使える人ではないですか」「こういう、いいことをやっていましたよ」などと教えてあげたりすることも、分福の一つではあります。

●「植福《しょくふく》」――部下を育ててプラスを生む

それでは、「植福《しょくふく》」の気持ちとはどういうものでしょうか。

例えば、自分が局長などの立場になったら、自分自身がさらに出世することだけを考えて働いたり、そのためだけに部下を使ったりしているようなタイプの人もいますが、そういうことであってはいけません。

もちろん、そうした立場になったら、自分が出世する願いを持っても構わないのですが、ある人の下で働いていると、下にいる人たちも仕事を覚えられ、評価が上がり、腕《うで》も立ってくるというように、人材を輩出《はいしゅつ》する部署もあるのです。つまり、上司によって、その下から「人材が出てくるところ」と、「人材が枯渇《こかつ》するところ」とがあるわけです。やはり、人材が出てくるところというのは、いいところだと思うし、上の人に能力があるということでしょう。

そのように、自分の仕事だけではなく、人材を出すというのは、「人を育てる能力がある」ということであり、これもまた、いわゆる「植福」に当たるわけです。福を植えてくれているわけなので、「あいつの下に入れておけば人が育つ」ということであれば、これもプラスでしょう。

要するに、「自分自身の仕事の成果がいいかどうかだけではない」ということが言えると思うのです。

例えば、映画でも監督《かんとく》がよければ、〝へぼ俳優〟でも普通にはなるし、普通の俳優でも少しはうまくなるし、うまい俳優はめったにないようないい演技ができるようになることもあります。それと似たようなものでしょうか。

こういう気持ちが大事なのではないかと思います。

あとで出世にも影響《えいきょう》してくる若いころからの人徳の部分

やはり、人から目立つような重要なセクションに就いたときは、一般的《いっぱん》に、嫉妬されるし、弱点があると攻撃されやすいし、陰口《かげぐち》を言われたりするのも普通のことです。

それらから「身を護《まも》る」と言えば保身的に聞こえるかもしれませんが、「惜福《せきふく》」「分福《ぶんぷく》」「植福《しょくふく》」の気持ちをいつも持っていれば、基本的には、会社なり組織なり、全体にとってのプラスになると思います。

私が会社に勤めていた時代のことを思い出すと、隣《となり》の隣ぐらいの課の課長で、部長の仕事を取って、どんどん〝干《ほ》し上げて〟いるのがよく分かる人がいました。

そのため、部長のほうは仕事がなくて、お茶だけを飲んでいるような感じで、定時に帰っていたのです。課長がいかにも頑張っているわけで、部下と一緒《いっしょ》に残って仕事をし、そのあとは飲みに行き、みな〝子飼い〟にしているような感じでした。

私は新入社員でしたが、そういう立場から見ても、部長を〝干し上げて〟いるのがよく分かりました。部長の仕事を取って、課長がやってしまっていたのです。

そのあと、その人は部長を追い出し、自分が部長になったのですが、次の課長が入ってきたら、今度は課長の仕事を取り上げていました（笑）。課長のほうは仕事がなくなってしまい、周りから見て、「あの課長は仕事をしていない。仕事がないな。よっぽど頼《たよ》りないから、部長が判断させないようにしているんだろう」という感じだったのです。

そのように、「課長のときには部長の仕事を取り、部長になったら課長の仕事を取り上げる」というような人がいたのですが、私はあまり好きではありませんでした。

その人は、週刊誌か何かの「十年後の社長」という記事で、十人ぐらいのうちの一人として名前が載《の》ったりしたこともありました。そのとき、ほかの先輩が、「こういうものに載ると、だいたい危ないんだよなあ」と言っていたのですが、残念ながら、結局、思ったよりは出世しなかったようです。

実は、運が悪いことに、その人が財務本部長だった時期に、私の退社が当たってしまったこともあってか、直接の関係はないのですが、責任を取らされたようです。

財務本部長というのはエリートコースなので、普通はすぐに役員になり、常務になっていくものですが、私が辞《や》めたためか、財務本部長になったのに四年間も役員になれず、出世が遅《おく》れていきました。

私は、以前の仕事を見ていて、「あの人にはちょっと徳がないな」と思っていたところもあったのです。その人が昇格《しょうかく》したとたんに私が辞めるかたちとなったわけですが、その影響《えいきょう》なのか、ほかにも辞める人が出てしまいました。先輩のなかにも（その人のことが）気に入らなくて辞めた人がいたので、「やはり、あの人には徳がない」という感じが知れ渡《わた》ったのかもしれません。

そのように自分だけの出世を考えるのではなく、「惜福」「分福」「植福」の気持ちを持つことが大事だと思います。

「偉《えら》くなっても淡々《たんたん》と仕事をこなしていく態度」を身につける

もちろん、「仕事で実績をあげたい」「もっとよく言われたい」というのは当たり前のことで、そう思うべきではあるでしょう。

ただ、本来であれば組織や会社のためにプラスになるはずのことであっても、そのなかに虚栄心《きょえいしん》や自己顕示《けんじ》欲のようなものが紛《まぎ》れ込《こ》んでくる場合もあるので、そこに悪魔から狙いをつけられることはあります。

したがって、目立ってくればくるほどに、淡々《たんたん》と仕事をしていけるような感じが大事です。そういう心境を持つのはそれほど簡単なことではないと思いますが、他人からちやほやされたり、ほめられたり、「まあまあ、どうぞどうぞ」

と言われたりするようなときに淡々としていられるというのも、一定の胆力《たんりょく》だと思うのです。

それから、「あなたに力があるのではなく、その〝机〟がものを言うのだ」ということもよく言われます。部長の机なり役員の机なりに座《すわ》っていると偉《えら》く見えて、誰もが「はい、はい」と言うことをきいてくれるのですが、それを自分の力だと思っている人がよくいるわけです。

ただ、そのあたりについて、他人は微妙に嗅《か》ぎ分けることがあるので、「机や椅子《いす》がものを言っているだけである」と知っておいたほうがよいでしょう。

例えば、内閣総理大臣の机と椅子に座れば、誰が座っても内閣総理大臣に見えるものであり、社会党の委員長などが座っても、内閣総理大臣に見えたわけです。

ちなみに、阪神《はんしん》・淡路《あわじ》大震災《だいしんさい》の当日（一九九五年一月十七日）、渡部昇一《わたなべしょういち》先生など三人の評論家が、たまたま、当時の村山《むらやま》（富市《とみいち》）首相と会う約束になっていたそうです。「地震があったので今日は無理だろう。対策本部をつくるのに忙《いそが》しいから、断られるだろうな」と思いつつも、失礼に当たるといけないので、念のために首相官邸《かんてい》を訪問したところ、スッと通してくれて、村山首相に会えたということが、何かに書いてありました。ただ、村山首相はずっとテレビをつけて観《み》ているだけで、ほかには誰も人がいなかったとのことです。

もちろん、公式には対策本部を立ち上げて、あとから発表等はしていたのでしょうが、渡部先生たちは実際に村山首相と会えたということでした。

阪神・淡路大震災は、朝の五時から六時ぐらいに起きた地震だったと思います。そのため、テレビを観ないと何も情報が取れない状況《じょうきょう》だったのでしょう。村山首相がポツンと一人でテレビを観ているところに渡部先生たちが行かれたのですが、一時間もいて、「さすがにまずいから、そろそろ失礼しようか」ということで失礼したそうです。ただ、その間、部屋には誰も入ってこなくて、「帰ってくれ」とは言われなかったようです。

そういう意味では、その椅子に座れば誰でも「総理大臣になる」のでしょう。あとは翌日の日程などを見れば、いろいろ書いてあるのだろうと思います。そのようなもので、必ずしも実力があるわけではないこともあるのです。

したがって、偉くなったら、謙虚《けんきょ》になり、〝お飾《かざ》り〟にされないように気をつけなければいけないし、淡々と仕事をこなしていく態度が大事でしょう。それから、自分に厳しくなるところも必要です。

「自分の弱点を少しずつ補っていく姿勢」は、みなに見られている

また、自分が苦手《にがて》だと思っている分野についても、将来に向けて少しずつ勉強をしていくような姿勢は大事だと思います。これは、意外とみなに見られているところがあるのです。

「好き嫌《きら》い」がはっきり出て、できる仕事とできない仕事が分かれるときに、「嫌いな仕事はせずに好きなことだけをしている人」もいますが、それは、普通は専門職の立場でしょう。ゼネラル職になると、それでは通じないことがあるので、偉くなったときに、自分の弱点の部分を少しずつ少しずつ補っていくようなことは、大事だと思います。

例えば、当会で言うと、英語等は国際本部にでも行かなければ要《い》らないと思

うかもしれませんが、教団全体として国際伝道に熱が入ってきたら、「興味も関心もない」という感じでいられるかというと、なかなかそうはいかないところもあるでしょう。

なお、私が勤めていた商社のようなところでも、一生のうちに海外へ行くのは、半分ぐらいの人しかいないのです。入社時の様子では、もともとは、みな海外志向を持っているように感じるのですが、半分は海外に行きません。

結局、語学というものは専門職と言えば専門職ですが、コツコツと継続していかないかぎりは力がつかないものです。そういう意味で、語学がよくできるようになるというのであれば、その人が真面目《まじめ》にコツコツとやる習慣、継続する習慣を持っているということだけは間違《まちが》いないでしょう。

その人が専門職なのかゼネラル職なのかは、それだけでは分かりませんし、弱点はあるかもしれませんが、少なくとも、真面目にコツコツと積み上げていく傾向を持っている人であることだけは分かります。そうでなければ、語学は続かないのです。そういうことが分かるような場合もあるのです。

いずれにせよ、「惜福」「分福」「植福」の考えを持つことが大切でしょう。

それから、「多くの人たちが嫉妬したり足を引っ張ろうとしたり、いろいろと狙っている」というように、嫉妬が複数化してきたら、だいたい〝嫉妬の公共性〟が出てきます。

そうなると、悪魔も〝王道攻撃〟ができるわけです。つまり、堂々と〝正面玄関《げんかん》〟から攻めていっても、周りが「そうだ、そうだ」と言って支持することが多いので、そこを狙われるのです。

このように、普段は美徳《びとく》に当たるようなことでも「逆」になる場合があるので、これが怖《こわ》いところかもしれません。

地位が上になるほど、「自分を客観視する目」が必要

また、偉くなると、次のようなこともあります。

例えば、今は、アメリカの大統領選の最中ですが（収録時点。二〇一六年十一月八日、アメリカ合衆国大統領選挙の投票が行われた）、「ヒラリーさんは、メールの問題で公私混同した」と言われています。

また、トランプさんは、どちらかといえば、ハラスメント（嫌《いや》がらせ）ケースでしょうか。人種の差や性別の差、あるいは、その他のハラスメントがあ

2016年アメリカ大統領選挙の民主党候補だったヒラリー・クリントン氏は、国務長官在任中に公務で私的な電子メールアカウントを使用し、重要機密情報の取り扱いに不備や逸失があった疑いでFBIから再捜査を受け、窮地に立たされた。（2016年10月27日、ノースカロライナ州にて）

るということで、別のかたちで、いろいろと女性が訴《うった》えたりしています。

さらに、ヒラリーさんと同じような問題は、韓国《かんこく》の朴槿恵《パククネ》大統領（収録当時）にも起きているでしょう。彼女には家族がいないというのもあるとは思いますが、「親友に、自分の演説原稿《げんこう》など、いろいろなものを見せていたのが国家機密の漏洩《ろうえい》に当たる」ということで検察が動いています。今日（二〇一六年十一月二日）あたりには、その親友の逮捕《たいほ》に至るかもしれない状況になっているのではないでしょうか（注。朴槿恵氏の親友で実業家、崔順実《チェスンシル》氏は、職権乱用の共犯容疑などで十一月三日に逮捕された）。

セクハラ被害の訴えに対して、選挙演説のなかで反論するドナルド・トランプ氏。（2016年10月22日、ペンシルベニア州ゲティスバーグにて）

確かに、独身で大統領をしていたりすると、誰かに相談ぐらいはしたいのだろうとは思います。ところが、いつもの調子で相談していたとしても、それが、国家機密の漏洩に当たってしまうようなことがあるわけです。

そのように、いろいろなところで足をすくわれるなど、普通であればそうはならないものが、そうなってしまうことがあります。

あるいは、幸福の科学の職員でも同じで、「自分は普通の職員だ」と思っていても、だんだん幹部になってくると、どこかで「公人性を求められる」ようになってくるでしょう。

例えば、地位が下の場合には、笑い話で済んだり、怒られて済んだりしたことが、一定以上の地位になれば、社会的な事件になることだってあります。また、自分の地位は昔と同じようなものであっても、教団自体の社会的地位が上がっていたら、許されなくなることは当然あるわけです。

もし、「酒に酔《よ》っ払《ぱら》って、タクシーの運転手の頭を殴《なぐ》った」というようなことがあると、一流企業《きぎょう》の社員等なら許されません。NHKや朝日新聞社などでは、確実に解雇《かいこ》される案件だと思います。

その意味で、「幸福の科学は新宗教だから」と思っていたとしても、だんだん社会的に一定の権威《けんい》を持つようになってきたら、どうでしょうか。

「みんなで打ち上げをして、お酒を飲んで帰った際に、タクシーの運転手に絡《から》んで、後ろの席から頭をコツンとやってしまった」という場合でも、警察に届《とどけ》を出されて、責任を取らなくてはいけなくなるような事態が来るかもしれません。確かに、マスコミも、「宗教のことだから」といって無視する可能性はありますが、そんなときだけは、宗教であっても取り上げて、〝記事にしてくれる〟場合もあるわけです。

そのように、自分としては、「普通だ。以前と一緒だ」と思っていても、周りの環境《かんきょう》が変わってきていることもあるので、このあたりを読む感覚が、上になるほど鋭《するど》くなってこなければいけないでしょう。やはり、自分を客観視する目が要るのです。

悪魔《あくま》は「搦《から》め手」から攻《せ》めてくる

さらには、悪魔《あくま》と戦う場合でも、「自分の位置が、今までと〝ずれてきている〟のではないか」ということを、よく見る必要があります。

例えば、私は一九八一年に大悟《たいご》しましたが、そうは言っても、その後も仕事の人間関係は続いていたし、家族もいたので、ほかの人の悩みが入ってくることはありました。もちろん、自分自身は、ある程度の心の透明性《とうめい》を確保できなければ天上界《てんじょうかい》と同通することはできなくなります。ただ、そうではなく、家族など、自分自身ではない者の悩みが入ってくることがあるのです。

要するに、悪魔にとっては、私自身を狙えない場合は、〝弱いところ〟を探すわけで、それが、自分が逃《に》げられない人間関係の部分なのです。

例えば、職場には、「自分の立場上、縁を切ることができない」という関係者がいます。そして、そういう人を経由して悪魔にガンガン攻《せ》められたら、逃げられないわけです。あるいは、家族であっても同じでしょう。私には父親や母親、兄がいましたが、家族関係で攻められると、やはり逃げられません。

そのように、悪魔は「搦《から》め手」から来ます。悪魔の使う手は、卑怯《ひきょう》な人間がやることとほとんど同じであって、「搦め手」、つまり、勝手口のようなところから攻めてくるのです。

したがって、本人がしっかりしている場合は、奥さんだったり、子供だったり、その周りの親族だったり、いろいろなところを攻めてくると思ってよいでしょう。

こういうことがあるために、当会の職員の場合、普通の会社に比べて、家族や親族に対してやや厳しいところがあります。なかには、交流が一部制限されているような人もいるかもしれません。

しかし、それは悪魔が入ってくるからです。この世の世俗《せぞく》の人たちと同じレベルであれば、スポッと入ってこられることがあるのです。修行《しゅぎょう》をしているほうは、ある程度はねのけるつもりではいても、家族のほうは、そこまで修行をしていないので簡単に入れます。そこを揺さぶれば、一発で落とせるわけです。

やはり、ここを狙われるのは非常に厳しかったと思います。

「家族の問題」と「結婚《けっこん》の勧《すす》め」で攻《せ》められ心労した

私の会社員時代

さて、私の会社員時代、名古屋《なごや》にいたあたりで「降魔《ごうま》」があったわけです。

そのころ、三十歳《さい》が近づいていたためか、会社のほうは、しきりに結婚《けっこん》を勧《すす》めてきました。

要するに、会社としては、幹部として残したい人の場合、独身ではまずいのでしょう。結婚して奥さんができ、また子供ができれば、家族を養わなければいけないので長く勤めることになります。そうなると、幹部として信用ができるわけです。

●**降魔**　降魔とは、神仏や仏法の力によって悪魔などを退けること。ここでは、幸福の科学総裁である大川隆法が、在家時代、商社マンとして名古屋支社に勤務していたときに、悪魔と対決し、勝利したことを指す（降魔成道《じょうどう》）。その後、出家・独立し、幸福の科学を創立した。

その意味では、辞めてほしい人には、あまり「結婚しろ」とは言いません。しかし、会社の幹部として残ってほしい人には、身を固めてもらったほうが安心であるし、信用できるので、会社も周りの人も、一生懸命《いっしょうけんめい》、結婚を勧めてくるのです。あるいは、海外に駐在《ちゅうざい》する場合でも同じでしょう。やはり、家族がいたほうが楽でしょうし、独身だと心配な面があるわけです。そのため、私にもそうしたお勧めが来始めてはいました。

さらには、私の実家の家族のほうにも、経済的な問題が出てきていたのです。

当時、私は、霊言集《れいげんしゅう》を出し始めており、宗教を起こさなくてはいけないと思っ

退社・独立前の1984年春から86年初夏までを過ごした社員寮。現在は幸福の科学「名古屋記念館」として公開されている(愛知県名古屋市)。

て、タイミングを計《はか》っていたところでした。そのときに、兄が学習塾《じゅく》を始めてしまったわけです。しかし、私は会社で財務を担当していたので、兄の事業計画を見て、塾が倒産《とうさん》することはすぐに分かりました。

ところが、父親は、普段は細《こま》かくて厳しいのに、ときどき、ものすごく甘《あま》くなるところがあって、この計画についても、希望的観測で、「ああ、いける。マーケットは十分にあるし、ニーズはあるんだ」と言って、急に甘くなっていました。

ただ、実際には、学習塾などをやる場合、勉強の中身が分からない人に事業判断はできないでしょう。それを父は、兄から親孝行で「社長にしてあげる」と言われて、気分よくお金を出し、何となくその気になってやっていたわけです。

一方、私は、「これは、事業的には危ないのではないか」と言いました。また、銀行から借金をする際には、「連帯保証人の判子《はんこ》はつかない。ただし、貯金のなかから一部のお金を貸してあげる」と言ったのです。要するに、「三年後に倒産して、負債《ふさい》総額は二千万円を超《こ》えると判断される。その場合、連帯保証人になっていたら、自分は一生、会社を辞められなくなるだろう」ということです。

実は当時、こちらも「秒読み」というか、いつ会社を辞めるか、タイミングを計っている状況でした。だいたい、「名古屋から東京に戻るころには辞めよう」と判断していたのです。

やはり、判子をついたら逃げられなくなっていたでしょう。一生、同じ会社で働き、借金を払わなくてはいけなくなります。そこで、非情ではあったものの、「残念だけど連帯保証はできない」ということを伝えました。

すると、兄と一緒にやっていた父のほうが怒ってしまったのです。そして、恥《は》ずかしい話ながら、「もう、こんなやつ、親でも子でもない」というような感じで言われました。つまり、私は二十九歳ぐらいにして、父親から〝勘当《かんどう》〟扱《あつか》いされているのです。ただ、〝勘当〟されたとはいえ、半分は親の甘えもあったろうと思います。

ちなみに、私の長男も、以前、母親（前妻）から二回ほど〝勘当〟されていますが、実は、私自身も、「父と兄が事業をしようとするのに反対した」という〝罪〟により、二十九歳ぐらいで〝勘当〟されたのです。

おそらく、父と兄からすれば、「それは嫉妬心だ。自分たちに対する嫉妬心で反対している」ということだったのでしょう。それで〝勘当〟されたわけですが、私のほうは、「ああ、そうですか。お好きにどうぞ」と言って、甘んじて受けました。

ただ、勘当されたところで、親子の縁《えん》が切れるわけではありません。借金を払ったのも、結局、私だったのです。

ともかく、「自由にならないこと」はあるので、そこを、いろいろなかたちで搔《か》き回してきます。やはり、親きょうだいの縁などは切れないわけです。

さらには、会社のほうも、私を結婚させて、逃げられないように〝囲い込み〟に入っている段階でした。おそらく、三十歳になる年（一九八六年）のうちには、私を海外に駐在員として出す予定だったのではないでしょうか。ニューヨークなら四年ぐらい、ドイツであれば六年ぐらいになるのですが、秋ごろにはどちらかに行くことになっていたのだと思います。要するに、会社としては、その前に結婚させようとしていたのでしょうし、実際にその〝要員〟がいないわけでもない状態だったのです。

そういうわけで、私が心労したのは、その両方のところでした。私自身も、そのあたりのときに（悪魔に）狙われたことがあったのです。

ただ、最後はやはり、「見切り」ということになるでしょう。「自分にとっていちばん大事なことは何か」と考えたときに、そこからは逃げたくても逃げられなかったのです。

「試《ため》してみたい気持ち」から「最後は信じるしかない」境地へ

実は、私が会社勤めをしたのには、半分は試《ため》してみる気持ちがありました。

自分に霊的な目が開け、天使の声が聴《き》こえて、「大きな使命がある」と何度も何度も繰《く》り返し言われるなか、その声は、活字になり、本になったわけですが、「それは本当なのか」ということを、自分でも試してみたい気持ちがあったのです。

もし、それが本当に「コーリング」、「召命《しょうめい》」であるならば、たとえ別の道に行こうとしても必ず引き戻されるはずでしょう。それを試してみたい気持ちが半分はありました。もちろん、あとの半分はこの世的な理由ではありましたが、試してみたい気持ちもあったのです。そういう意味で、非常に慎重《しんちょう》で用心深い面があったのではないかと自分では思っています。

とはいえ、計算で全部をやろうとしても、できない部分はあって、「最後は信じるしかない」という境地になったところはありました。そのため、この世的には、やや理不尽《りふじん》な面、あるいは、冷たい面等もあったかもしれません。

しかし、剣道《けんどう》には、「身を捨ててこそ浮《う》かぶ瀬《せ》もあれ」という言葉がありま す。これは、「死ぬ気でないと、実は生きられない」といった感じでしょう。つまり、「自分を生かそう、生き残ろうとしてやっていると、相手に斬《き》られてしまう。しかし、自分の命を捨てるつもり、相討《あいう》ちするぐらいのつもりで思い切って斬り込めば、自分より腕の立つ上段者が相手でも意外に倒《たお》せることがある」というわけです。

そのように、死にもの狂《ぐる》いで来る人ほど怖いものはありません。斬られたくないと思って逃げ回っている人を斬るのは簡単ですが、命を捨てるつもり、相討ちのつもりで斬り込んでこられたら、上段者でも怯《ひる》んでしまうぐらいの怖さがあります。

ともかく、私にも、そのようなときがあったのです。

〝用心深かった〟教団発足前の私

ただ、自分としては、いろいろと考えはしました。というのも、家は財産家でもないし、蓄《たくわ》えもなかったからです。もちろん、読者が少しはいることぐらいは分かっていたのですが、教団を始めるにも「基礎《きそ》の部分」が何もありませんでした。

そうしたなかで、家族が事業をやろうとしており、しかも、だいたい失敗するだろうという読みができていたわけです。「さらに自分まで失敗したら、どうなるか」ということですが、二つも来たら、たまらないでしょう。それは一家心中のパターンになるので、避《さ》けたかったのです。

ただ、それに対する自分の対策として、一つには、「会社で働いていた間に節約して、独立資金を貯《た》めていた」ということがありました。「二、三年ぐらいは何とか生き延びられるかもしれない。節約すれば、いけるかもしれない」という程度の資金はあったのです。

あるいは、万一《まんいつ》、教団づくりが駄目《だめ》だった場合のことも考えてはいました。

これは考えすぎだったのかもしれませんが、「他の職に就こうとすれば、そうできるような資格でも持っていなくてはいけない」などと思っていたのです。

それで、ストレートな方向とは違うものの、多少、英語の勉強もしました。やはり、少し資格等を取っておかないと、もし何かあって、食べていけないことになったら困ります。そうなると、どこかにお世話にならないといけなくなるので、そんな勉強をしたりもしていたわけです。

ただ、少し遠回りなことをしていたのかもしれません。「用心深すぎたかな」

と思うところはあります。

「採算感覚」など、社会経験が活《い》きた面もあった

それに関して、私は以前、三男（大川裕太《ゆうた》）から、「なぜ、霊道《れいどう》を開いたら、それで即出家《そくしゅっけ》して、宗教家にならなかったんですか。なぜ、何年も遅れたんですか」というようなことを言われたことがありました。

しかし、私としては、「はい、すみませんでした。自信がなく、〝頭が悪くて〟すみません。回り道してしまいました」と答えるほかはありませんでした（苦笑）。それほど自分に信用がなかったというか、自己信頼《しんらい》がなかったのは事実なのです。やはり、実際に学生の身（霊道を開いた当時）では、そんな簡単にうまくやれるとは思わなかったところもありました。

ただ、遠回りではあったものの、社会経験を積んだ部分が、多少、活《い》きたところはあります。例えば、判断面や人間関係の面などはそうでしょう。あるいは、「採算を見る」ということになると、学生では無理なところがあるのです。

「お金」に関しては、確かに、宗教は昔から否定的ではあって、「悪魔が入りやすい」と言われる部分かもしれません。しかし、ここは両方に使えるところがあります。悪魔としては、お金の欲で釣《つ》ったり、「破滅《はめつ》させるぞ」と言って揺さぶったりできるでしょうが、私たちとしては、お金について健全な見方ができれば、そういう隙《すき》がなくなる面もあるわけです。

つまり、「事業感覚」というか、「採算感覚」を持っていることで、攻められる隙がなくなる面もあって、そうなると倒産しません。今、幸福の科学は、倒産しない経営を目指してはいますが、倒産の危機が来れば、宗教であっても悪魔に入られる可能性はあるでしょう。その点で、安全経営を試みてはいるのです。

ともかく、何がプラスになり、何がマイナスになるかは分かりませんが、結局のところ、最後は、幾つかの経験を積んだ上で、もう一度、「空手《くうしゅ》にして立つ」ことになりました。

確かに、三十歳ぐらいというのは、実際、独立するにはよい年齢《ねんれい》ではあったと思います。「何年間か会社勤務等をしたあと、ノウハウを少し持って独立するのがよい」とよく言われていますが、そういうこともあったのかもしれません。ただ、実際は、「007《ダブルオーセブン》」並みに、危機一髪《ききいっぱつ》、スレスレで抜けていた面はあるでしょう。

また、その間《かん》には、自分としては、不名誉《ふめいよ》を受けたこともありましたし、手のなかにあるものを捨てなくてはいけないこともありました。

ただ、「捨てる」ときには大変ではあるものの、捨てたあとには「開き直り」という手もあることはあるわけです。その意味では、やはり、やや用心深すぎたのかなと、いまだに思います。

幸福の科学を始めてから、三年ぐらい慎重《しんちょう》に運営した理由

なお、独立前も用心深かったのですが、それは、独立してからあと、当会を始めてからも同じでした。

例えば、よく述べていることですが、第一回の座談会（「幸福の科学発足《ほっそく》記念座談会」〔初転法輪《しょてんぽうりん》〕）のときも、「これをやって失敗したら、それでもうや

めよう。評判が悪くて、『これは駄目だ』とみんなが言うようだったら、やめよう」と思っていたぐらいの慎重《しんちょう》さだったのです。

また、この座談会を行ったのは一九八六年十一月二十三日ですが、月刊誌（月刊「幸福の科学」）の創刊号は翌八七年の四月号なので、出たのは三月末ぐらいでしょう。つまり、組織をつくるのに、そうとう用心していたわけです。

当時は、山口篤《やまぐちあつし》さん（現・幸福の科学事務局総務部部長代理）ともう一人、月五万円のアルバイトを二人置いていただけでした。山口さんには、

1986年11月23日に「幸福の科学発足記念座談会」が開催された日暮里酒販会館（東京都荒川区、左写真：当日の様子）。現在は幸福の科学「初転法輪記念館」として公開されている（右写真）。

こちらの勤めのあとに、焼き鳥屋でアルバイトをしてもらっていたぐらいですが、要するに、十万円しか経費がかかっていないわけです。ほかには、私自身にも給料は払っていない状態で、家賃もタダでした。給料としては二人のアルバイト料の十万円で、あとは事務費だけだったのです。

それを考えると、絶対に〝潰《つぶ》れない〟体制で始めたことは事実でしょう。

ただ、これには、「父と兄のほうの事業が、やや大きく出て失敗したのを見ていたために、すごく用心深くなった」というところもあったとは思うのです。

ちなみに、父と兄が事業を始めたのは、私より一年早かったのですが、そちらのほうは、結局、ギリギリで毎月七十万円以上は収入がないともたない状況になりました。収入が七十万円を切ると赤字になる体質だったのです。

ところが、最初はもっと収入を高く見積もっており、一年目から毎月二百万円ぐらい見込んでいました。そこで、私はアドバイスとして、「採算分岐点《ぶんきてん》を五十万円にまで下げられないか。だいたい、生徒一人から一万円ぐらい入るとして、最初は五十人ぐらいしか来ないと見て、計画を立てたほうが安全だろう。やはり、五十万円で維持《いじ》できるように組んだほうがよい」と言ったのです。

しかし、父と兄は、二百万円は入ると読んで、やり始めてしまいました。その結果、教室の半数を返したり、人を解雇したり、事務要員を辞めさせたりせざるをえなくなりました。ただ、これは予想された展開ではあったのです。

それでも、経費を何とか七十万円にまで縮めたものの、どうしても最後の二十万円が詰《つ》まらなかったため、三年後には私の予想どおりの結果になりました。やはり、事業というのは、それほど厳しいものではあるのです。

いずれにせよ、七十万円から経費を下げられないレベルのところで力尽《つ》きて潰れるのを見た私は、月十万円しかかからないレベルから始めました。そして、一年後に気がついてみれば、幸福の科学には、五、六千万円の貯金が貯まっていたのです。

また、ちょうどそのころに、当会は事務局長を入れました。実は、その人が初めて〝蓋《ふた》を開け〟て、「貯金だけが貯まっていますが、これは総裁（当時は主宰《しゅさい》）にも〝給料〟を払ったほうがいいのではないですか」と言ったわけです。そこで、私は、「ああ、そうかなあ。では、少しは払ったほうがいいかな」と答えました。事務局長は、自分が月に二十万円ぐらいもらうつもりで来ていたところ、三十五万円もらったので、「事務局長が三十五万円ももらっているのに、総裁には一円も給料が払えていない。これは、おかしいのではないですか」というように言ったのです。それで、私も、やっと給料を頂けることになりました。

このように、事業が潰れないために、ものすごく慎重にやったことがあります。それで後《おく》れを取ったこともありますが、あとからの巻き返しは早かったのではないでしょうか。（一九八六年に）始めてから三年ぐらいは慎重にやっていたのですが、大きくなってからあとの展開は早かったと思います。

一九九一年の経営危機で体験した「事業の怖《こわ》さ」

それでも、私が〝緩《ゆる》め〟て、大企業から来た人たちにいろいろなところを任せると、経費の使い方が普通ではありませんでした。実際、一九九一年には、夏ごろに一度、経営危機が来ていますが、銀行から来た人に、「先生、このままで行けば、毎月二十億円のショート（不足）が出ますよ」と言われて、「えっ!?　いつの間に、そんなことになったんだ」という感じだったのです。

要するに、新しい事務所を契約《けいやく》して借りたり、人を雇《やと》ったりと自由にやられていたので、いつの間にか、そのようになってしまっていたのでしょう。

実は、私が目を離したのは、一九九一年の四月、五月、六月の三カ月ぐらいでした。というのも、七月に開催《かいさい》予定の東京ドームでの初の大講演会を前に、とても緊張《きんちょう》していたこともあり、その三カ月間は、それ以外に考えられなかったので

1991 年 7 月 15 日、初となる東京ドームでの大講演会「信仰の勝利」を開催。5 万人が集うなか、全人類に向けて「エル・カンターレ宣言」を行った。

す。それで、体を鍛《きた》えたり、勉強をしたり、いろいろとやっていたため、経営のほうを見れませんでした。

その結果、三カ月の間に、たくさんの職員を採用され、事務所を契約されて、あっという間に二百五十もの支部を開かれてしまったのです。さらには、地方本部も開かれており、月に百五十万円もするような事務所をたくさん借りられたために、ものすごい経費になっていました。

結局、「これは、もう八月でショートします」と言われる事態になり、慌《あわ》てて会員から借入金《しゃくにゅうきん》を入れて、何とか乗り切ったのです。

その後、一年と少しかかったものの、黒字経営に転換していったのですが、そうした〝恐怖体験《きょうふ》〟が最初にあるので、「やはり、事業というのは怖《こわ》いものだな」とは思います。

ちなみに、作家などが本を書けたとしても、「雑誌を出したところで、『三号雑誌』で終わってしまう」とよく言われるでしょう。それくらい、「人を雇って事業をする」というのは大変なことなのです。

やはり、雑誌などを出すにしても、会社をつくったりすれば、すぐに数千万から億の単位のお金が必要になってきます。ところが、書いたものなどでは、この額をとてもではないけれども稼《かせ》げないわけです。

あるいは、有名な評論家であっても、八十代で秘書も雇えずにいる人はたくさんいます。要するに、秘書の二十万円から三十万円ぐらいの給料ですら〝重い〟のでしょう。

確かに、そのお金があれば、自分の参考書が買えるのかもしれません。彼らにとっては、「勉強のための本代」と、「秘書代金」とが、ちょうど〝食い合う〟関係になるぐらいなのです。「よく本を出しているな」と思う人であっても、実際にはそんなもので、人を雇えるレベルではありません。「本を書いて、食べられるようになる」というのは大変なことであるし、雑誌を出すのも難しいわけです。

現代社会において悪魔《あくま》からの攻撃《こうげき》を防ぐ秘訣《ひけつ》

ともかく、事業経営となると、「慎重さ」や「緻密《ちみつ》さ」、「バランス感覚」が非常に大事になってきます。そして、このへんが欠けると、その欠けている部分で〝穴〟が開《あ》いたところを悪魔《あくま》に攻《せ》められることがあるのです。

具体的に言うと、例えば、人間関係で不始末《ふしまつ》が出てきて、暴《あば》れる人が出てきたり、いろいろと苦情が出てきたりして、うまくいかなくなり、心が悩乱《のうらん》し始めることがあるでしょう。そうなったら、「悪魔にやられている」ということが分かるわけです。

そういう意味で、「自分自身がやらなくてはいけない仕事だけ、できればよい」という考えもあるのでしょうが、それ以外の部分についても、年齢や立場相応に、要求されるレベルの世間《せけん》常識を身につけていく努力を営々《えいえい》と続けていかなくてはいけません。やはり、隙があれば、そこから攻め落とされます。悪魔は、たいていの場合、弱っているところ、要するに「搦《から》め手」から来るのです。

例えば、狼《おおかみ》が百頭の羊を襲《おそ》うときは、そのなかの、病気をしている羊や足を引きずっている羊、子羊で逃げ足が遅《おそ》いものなど、必ずそうした羊から狙ってくるでしょう。

そういうときに、羊たちはみなで円陣《えんじん》を組み、後ろ足で蹴飛《けと》ばすかたちで護るのかもしれません。まるで護送船団《ごそうせんだん》のような感じで護るのでしょうが、極端《きょくたん》に弱いところがあると、そこが狙われるのは当然のことです。そして、悪魔の狙い方も、それとまったく同じなのです。

したがって、まずは、そうした「弱み」や「隙」をつくらないことが大切でしょう。さらに、その次には、「強みの部分」を増やしていって、しのげるようになることです。

また、もう一つ、悪魔と戦って感じたことがあります。それは、「悪魔は、しょせん悪魔であって、旧《ふる》い宗教など、昔のことはよく知っているし、人間の基本情念や考え方についての迷い、悩みなどはよく知っているけれども、現代的なことはあまり知らない」ということです。やはり、そうした弱点はあるのであって、悪魔は、現代的なことについてはよく分かりません。

　したがって、悪魔にやられないためには、前述したように、まずは、会社で言う「採算が取れるものの考え方ができる」ことが大切になります。

　それから、新聞やニュース等を見ても、いろいろな人が犯罪に遭《あ》ったりしているでしょう。あるいは、攻撃《こうげき》されたりしていることもあるわけです。それを他人《ひと》のことと思わずに、「明日《あす》はわが身」と思って見ていかなくてはいけません。〝現代的な罠《わな》〟に嵌《は》まらないようにするための「常識の部分」を少しずつ身につけて知っておくことが、攻撃を防ぐための力になるだろうとは思うのです。

確かに、当会もいろいろと攻撃されてはきましたが、三十年間という比較《ひかく》的長い期間の新興宗教の歴史として見れば、それはかなり少ないのではないでしょうか。一般的な目から見れば、かなり少ないでしょうし、攻撃を受けたとしても、有効打となるところまで行かずに過ぎ越《こ》しているはずです。

ただ、その程度で済んでいるのは、それ以外の部分をしっかりと固めているところが大きいからでしょう。やはり、万全《ばんぜん》の体制を組んで悪魔から逃げ切ることも大事なのです。

完璧《かんぺき》主義を捨て、付加価値の総量を増やしていく努力を

しかし、「どうしても勝てないという場合もある」でしょう。そのときには、自分の持っている「自己実現の思い」や、「完璧《かんぺき》主義の思い」がけっこう狙われるので、ここを気をつけたほうがよいと思います。

特に、完璧主義について言うとすれば、完璧主義の人というのは、実に〝不完全な生き方〟をするのです。その意味で、私は完璧主義の人間はあまり信用しません。完璧主義を言っている人で、完璧な人生を生きた人などいないのです。結局は、みな、非常に〝不完全な生き方〟をするわけで、完璧主義を言っている人ほど、逃げる傾向があります。実際には、危機に対処しないで、それから逃げる傾向が非常に強いのではないでしょうか。

一方、私は、「完璧にはいかなくてもよい。八割でもいいから、とりあえずは勝ち越すことを目指して仕上げていく」、あるいは、「今までの努力や実績を無駄にしないように活かしていく」ということをよく考えていきました。

また、「同じ一つの仕事から、二重、三重、四重に、何か効果を引き出せないか」というように、仕事を倍加させていく力についても、よく考えたのです。

要するに、無駄仕事にならないように、二重、三重、四重にするわけです。

例えば、私は、本法話《ほうわ》を、職員を前に総合本部でしていますが、それだけで終わったら、「職員の教育」という仕事にしかなりません。

しかし、この話が信者の方にも聴いてもらえるのであれば、ある意味で、信者の行事の一部にもなります。また、内容的に本になるようなものまで行くのであれば、出版の作品にもなるわけです。そうすると、一つの仕事が、あっという間に三倍ぐらいに使えるようになります。

しかし、職員向けにしか使えない話であれば、結局、それ以上のものにはならないでしょう。

そこで、私は、「同じ仕事を二重、三重、四重に使いながら、全体を膨《ふく》らませていく。さらには、自分がやった仕事の一部を、ほかの人が使いながら、また別のものをつくっていけるようにする」というかたちにして、付加価値の総量を増やしていく努力をいつも重ねていきました。

やはり、「この世的努力」も必要であって、そのあたりがカバーしてくれている面はそうとうあるように思います。「天は自《みずか》ら助《たす》くる者を助く」という面は確かにあるのです。

開き直って、「今の自分にできること」を少しずつやっていく

また、そうした「努力」も要る一方で、最後は、ドーンと「開き直る」ところも要るのかなと思います。

悪魔がかかってきて、「仕事がどうしても進まないな」と思ったときには、「これは、自分の天命《てんめい》があるかどうかにかかっているんだ。天命があれば、この仕事はやれるし、悪魔に引っ張っていかれて消されるぐらいなら、その程度の天命だったのだろう」というように、ドーンと開き直ってしまうのも一つでしょう。

ただ、「悪魔に引っ張っていかれて負けるなら、それもその程度の天命だ」と思いながらも、「今の自分にできること」は何かを考えて、小さな範囲《はんい》内で

できることを少しずつ消し込んでいくことが大事なのです。

その意味でも、特に、「欲望」が膨らんだり、「完璧主義」が強すぎたりする場合には、その部分を落としたほうがよいと思います。欲望については、切れるものは切っていかないといけません。やはり、完璧を目指しているなかにも〝無駄な欲〟が入っているため、そこに「隙がある」のです。

例えば、先ほども述べましたが、私の父や兄も完璧主義者で、「完璧でなかったら、やらないんだ」というようなことをよく言うタイプでした。

ただ、そうは言っても、実際の世界では、一割でも二割でも三割でもよいので、少しでも前に進める努力をしないといけないわけです。「完璧に準備ができたら、やる」などというのは無理な話であって、どこからでも攻め上《のぼ》っていき、駒《こま》を進めていく努力をしなければ、人生は前に進みません。

あるいは、船であれば、浸水《しんすい》が起きたときには、とりあえず、捨てられる積み荷を捨てつつ、穴が塞《ふさ》げるのであれば、塞げるところから塞いでいくでしょう。そのように、できるだけ、本体部分を残せるように努力することが大事なのです。したがって、船が沈《しず》みそうだったら、積み荷を捨ててください。最後は自分が沈むのだから、その前に捨てられるものは捨て、塞げる穴は塞ぐことです。

本来は、貨物船として何百キロ向こうまで貨物を運ばなくてはいけない使命があったとしても、船が沈むのであれば、貨物を護ったところでしかたがないでしょう。そうであれば、沈むより前に、まずは荷物を捨てて、乗員を護らなくてはいけないのです。

また、タイタニック号ではありませんが、乗員を護り切れないのであれば、

「女性や子供だけでもボートに乗って降りてください。すみませんが一緒に沈んでください」というような判断もあるかもしれません。全員が助からないのなら、「若い人や生かさなくてはいけない人をボートに乗せて逃《に》がし、あとの人は演奏される音楽を聴きながら船と共に沈んでいく」というのも一つの選択《せんたく》ではあるでしょう。

「全員がボートに乗ったら沈んでしまう」というのであれば、死んでもらわなくてはいけない人がいるのです。その場合は、諦《あきら》めるべき人が諦めなくてはならないわけで、これも「男としての決断」だと思います。

地位のある人は、常に「出処進退《しゅっしょしんたい》」を考えていること

また、地位のある人たちであれば、みな、「出処進退《しゅっしょしんたい》をどうするか」という

部分はあるでしょう。

ただし、これは、他人がなかなか言ってはくれないものです。特に、立場が上の人に対して、「出処進退」は言ってくれないものなので、自分で決めなくてはいけません。

したがって、「自分の仕事ができているかどうか、プラスかどうか」を、よくよく考えることが大切です。やはり、年を取ったり、権力が出てきたりすると、だんだん、ご機嫌《きげん》取りや取り巻きが増えてきて、周りは〝イエスマン〟だらけになります。これは防げないものであって、どこでも必ずそうなるのです。

そのなかで、冷静に醒《さ》めた目で自分自身を見つめ、「出処進退」の時期を、常に考えていることが大事なのではないでしょうか。

例えば、大会社の社長などは、〝自分がやっていないこと〟に対して責任を取るために座っているようなものなのです。何か事故が起きた場合、だいたい、トップが辞めれば世間が収まるので、そのためにいるようなものかもしれません。

やはり、そのあたりの加減をよく見ることが大事なのだと思います。

あとがき

神秘現象が、毎日のようにその身に臨《のぞ》むことに関しては、私は、仏陀《ぶっだ》やイエス、ムハンマドに勝《まさ》るとも劣ることはないであろう。しかし、霊現象《れいげんしょう》に振り回されることなく人の生きるべき道を説き続ける点においては、孔子やソクラテス以上に、透徹《とうてつ》した論理性や合理性ももっているであろう。

いったん宗教的悟りを得たと思われる人であっても、人生の諸問題につまずくことは多い。この世的人間が気づかない「悪魔の攻撃」も現実にはある。悪魔のからめ手からの攻撃から身をかわし、悟りを維持するために必要な心がけこそ、「凡事徹底《ぼんじてってい》」である。また、その継続からくる「平常心《へいじょうしん》」「自制心《じせいしん》」「克《こっ》己心《きしん》」である。インスタントな悟りに、あまり重きを置いてはいけない。悟りは奥深く、長い。「悟後《ごご》の修行《しゅぎょう》」が本当は難しいのだ。

二〇一七年　七月十五日

幸福《こうふく》の科学《かがく》グループ創始者兼総裁《そうししゃけんそうさい》　大川隆法《おおかわりゅうほう》

『凡事徹底と人生問題の克服』大川隆法著作関連書籍

『凡事徹底と静寂の時間』(幸福の科学出版刊)
『凡事徹底と成功への道』(同右)
『悪魔からの防衛術』(同右)
『真実の霊能者』(同右)
『蓮如の霊言　宗教マーケティングとは何か』(同右)
『幸田露伴かく語りき』(同右)

凡事徹底《ぼんじてってい》と人生問題《じんせいもんだい》の克服《こくふく》

――悟り・実務・家族の諸問題について――

2017年7月25日　初版第1刷
2020年6月7日　第3刷

著　者　大《おお》　川《かわ》　隆《りゅう》　法《ほう》

発行所　幸福の科学出版株式会社
〒107-0052 東京都港区赤坂2丁目10番8号
TEL(03)5573-7700
https://www.irhpress.co.jp/

印刷・製本　株式会社 堀内印刷所

落丁・乱丁本はおとりかえいたします

ISBN978-4-86395-927-9 C0030
カバー 写真：AFP＝時事／共同通信社
装丁・イラスト・写真（上記・パブリックドメインを除く）© 幸福の科学

大川隆法ベストセラーズ・現代人に贈る人生のヒント

凡事徹底と静寂の時間

現代における〝禅的生活〟のすすめ

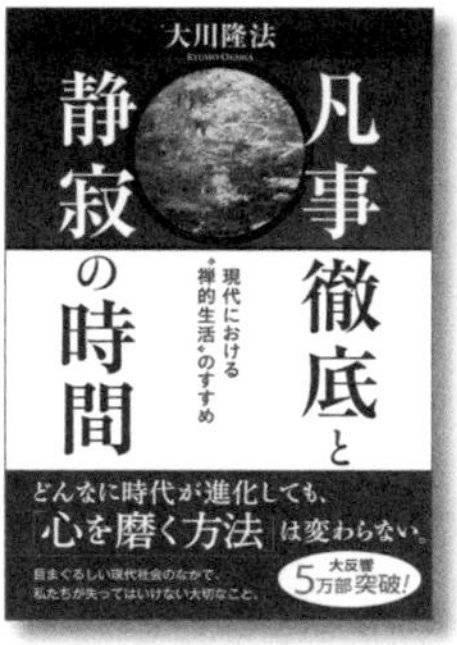

忙しい現代社会のなかで〝本来の自己〟を置き忘れていないか？「仕事能力」と「精神性」を共に高める〝知的生活のエッセンス〟がこの一冊に。

1,500円

凡事徹底と成功への道

現代人が見失った「悟りの心」とは？日常生活や実務のなかに流れる「宗教的感覚」や、すべての世界に共通する「一流になる法則」を説き明かす。

1,500円

凡事徹底と独身生活・結婚生活

仕事力を高める「ライフスタイル」の選択

大反響の「凡事徹底」シリーズ。お金、時間、人間関係──。独身でも結婚でも、どちらの生き方でも成功するための知的ライフスタイルとは。

1,500円

※表示価格は本体価格（税別）です。

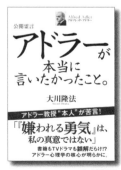

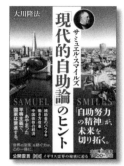

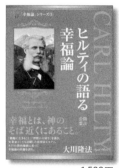

大川隆法 霊言シリーズ・偉人が語る努力論・人生論

幸田露伴かく語りき

スピリチュアル時代の＜努力論＞

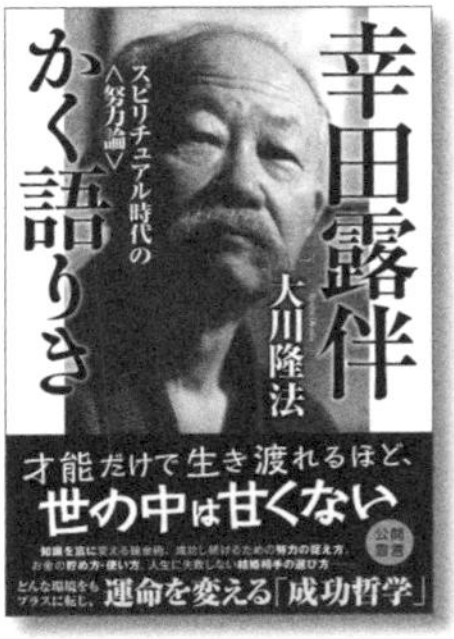

努力で破れない運命などない！ 電信技手から転身し、一世を風靡した明治の文豪が語る、どんな環境をもプラスに転じる「成功哲学」とは。

1,400円

人間にとって幸福とは何か

本多静六博士 スピリチュアル講義

「努力する過程こそ、本当は楽しい」
さまざまな逆境を乗り越え、億万長者になった本多静六博士が現代人に贈る、新たな努力論、成功論、幸福論。

1,500円

心を練る 佐藤一斎の霊言

幕末の大儒者にして、明治維新の志士たちに影響を与えた佐藤一斎が、現代の浅薄な情報消費社会を一喝し、今の日本に必要な「志」を語る。

1,400 円

大川隆法シリーズ・**最新刊**

源《みなもとの》頼《らい》光《こう》の霊言

鬼退治・天狗妖怪対策を語る

鬼・天狗・妖怪・妖魔は、姿形を変えて現代にも存在する──。大江山の鬼退治伝説のヒーローが、1000年のときを超えて、邪悪な存在から身を護る極意を伝授。

1,400円

信仰と情熱

プロ伝道者の条件

多くの人を救う光となるために──。普遍性と永遠性のある「情熱の書」、仏道修行者として生きていく上で「不可欠のガイドブック」が、ここに待望の復刻。

1,700円

ローマ教皇
フランシスコ守護霊の霊言

コロナ・パンデミックによる
バチカンの苦悶を語る

世界で新型コロナ感染が猛威を振るうなか、バチカンの最高指導者の本心に迫る。救済力の限界への苦悩や、イエス・キリストとの見解の相違が明らかに。

1,400円

※表示価格は本体価格（税別）です。

大川隆法「法シリーズ」・最新刊

鋼鉄の法

法シリーズ 第26作

人生をしなやかに、力強く生きる

自分を鍛え抜き、迷いなき心で、闇を打ち破れ──。
人生の苦難から日本と世界が直面する難題まで、さまざまな試練を乗り越えるための方法が語られる。

第1章　繁栄を招くための考え方
──マインドセット編

第2章　原因と結果の法則
──相応の努力なくして成功なし

第3章　高貴なる義務を果たすために
──価値を生んで他に貢献する「人」と「国」のつくり方

第4章　人生に自信を持て
──「心の王国」を築き、「世界の未来デザイン」を伝えよ

第5章　救世主の願い
──「世のために生き抜く」人生に目覚めるには

第6章　奇跡を起こす力
──透明な心、愛の実践、祈りで未来を拓け

2,000円

幸福の科学の中心的な教え──「法シリーズ」

好評発売中！

幸福の科学グループのご案内

宗教、教育、政治、出版などの活動を通じて、地球的ユートピアの実現を目指しています。

幸福の科学

一九八六年に立宗。信仰の対象は、地球系霊団の最高大霊、主エル・カンターレ。世界百カ国以上の国々に信者を持ち、全人類救済という尊い使命のもと、信者は、「愛」と「悟り」と「ユートピア建設」の教えの実践、伝道に励んでいます。

（二〇二〇年五月現在）

愛

幸福の科学の「愛」とは、与える愛です。これは、仏教の慈悲《じひ》や布施《ふせ》の精神と同じことです。信者は、仏法真理をお伝えすることを通して、多くの方に幸福な人生を送っていただくための活動に励んでいます。

悟り

「悟り」とは、自らが仏の子であることを知るということです。教学《きょうがく》や精神統一によって心を磨き、智慧《ちえ》を得て悩みを解決すると共に、天使・菩薩《ぼさつ》の境地を目指し、より多くの人を救える力を身につけていきます。

ユートピア建設

私たち人間は、地上に理想世界を建設するという尊い使命を持って生まれてきています。社会の悪を押しとどめ、善を推し進めるために、信者はさまざまな活動に積極的に参加しています。

海外支援・災害支援

国内外の世界で貧困や災害、心の病で苦しんでいる人々に対しては、現地メンバーや支援団体と連携して、物心両面にわたり、あらゆる手段で手を差し伸べています。

自殺を減らそうキャンペーン

年間約２万人の自殺者を減らすため、全国各地で街頭キャンペーンを展開しています。

公式サイト **www.withyou-hs.net**

ヘレンの会

ヘレン・ケラーを理想として活動する、ハンディキャップを持つ方とボランティアの会です。視聴覚障害者、肢体不自由な方々に仏法真理を学んでいただくための、さまざまなサポートをしています。

公式サイト **www.helen-hs.net**

入会のご案内

幸福の科学では、大川隆法総裁が説く仏法真理《ぶっぽうしんり》をもとに、「どうすれば幸福になれるのか、また、他の人を幸福にできるのか」を学び、実践しています。

入会

仏法真理を学んでみたい方へ

大川隆法総裁の教えを信じ、学ぼうとする方なら、どなたでも入会できます。入会された方には、『入会版「正心法語《しょうしんほうご》」』が授与されます。

ネット入会 入会ご希望の方はネットからも入会できます。
happy-science.jp/joinus

三帰《さんき》誓願《せいがん》

信仰をさらに深めたい方へ

仏弟子としてさらに信仰を深めたい方は、仏《ぶっ》・法《ぽう》・僧《そう》の三宝《さんぽう》への帰依を誓う「三帰誓願式」を受けることができます。三帰誓願者には、『仏説・正心法語』『祈願文《きがんもん》①』『祈願文②』『エル・カンターレへの祈り』が授与されます。

幸福の科学 サービスセンター
TEL 03-5793-1727
受付時間／
火～金：10～20時
土・日祝：10～18時
（月曜を除く）

幸福の科学 公式サイト
happy-science.jp

ハッピー・サイエンス・ユニバーシティ

Happy Science University

ハッピー・サイエンス・ユニバーシティとは

ハッピー・サイエンス・ユニバーシティ（HSU）は、大川隆法総裁が設立された「現代の松下村塾」であり、「日本発の本格私学」です。
建学の精神として「幸福の探究と新文明の創造」を掲げ、
チャレンジ精神にあふれ、新時代を切り拓く人材の輩出を目指します。

人間幸福学部　経営成功学部　未来産業学部

HSU長生キャンパス TEL **0475-32-7770**
〒299-4325　千葉県長生郡長生村一松丙 4427-1

未来創造学部

HSU未来創造・東京キャンパス
TEL **03-3699-7707**
〒136-0076　東京都江東区南砂2-6-5　公式サイト **happy-science.university**

学校法人 幸福の科学学園

学校法人 幸福の科学学園は、幸福の科学の教育理念のもとにつくられた教育機関です。人間にとって最も大切な宗教教育の導入を通じて精神性を高めながら、ユートピア建設に貢献する人材輩出を目指しています。

幸福の科学学園

中学校・高等学校（那須本校）
2010年4月開校・栃木県那須郡（男女共学・全寮制）
TEL **0287-75-7777** 公式サイト **happy-science.ac.jp**

関西中学校・高等学校（関西校）
2013年4月開校・滋賀県大津市（男女共学・寮及び通学）
TEL **077-573-7774** 公式サイト **kansai.happy-science.ac.jp**

仏法真理塾「サクセスNo.1」

全国に本校・拠点・支部校を展開する、幸福の科学による信仰教育の機関です。小学生・中学生・高校生を対象に、信仰教育・徳育にウエイトを置きつつ、将来、社会人として活躍するための学力養成にも力を注いでいます。

TEL 03-5750-0751（東京本校）

エンゼルプランV TEL 03-5750-0757

幼少時からの心の教育を大切にして、信仰をベースにした幼児教育を行っています。

不登校児支援スクール「ネバー・マインド」 TEL 03-5750-1741

心の面からのアプローチを重視して、不登校の子供たちを支援しています。

ユー・アー・エンゼル！（あなたは天使！）運動

一般社団法人 ユー・アー・エンゼル TEL 03-6426-7797

障害児の不安や悩みに取り組み、ご両親を励まし、勇気づける、障害児支援のボランティア運動を展開しています。

NPO活動支援

いじめから子供を守ろうネットワーク

学校からのいじめ追放を目指し、さまざまな社会提言をしています。また、各地でのシンポジウムや学校への啓発ポスター掲示等に取り組む一般財団法人「いじめから子供を守ろうネットワーク」を支援しています。

公式サイト mamoro.org ブログ blog.mamoro.org

相談窓口 TEL.03-5544-8989

百歳まで生きる会

「百歳まで生きる会」は、生涯現役人生を掲げ、友達づくり、生きがいづくりをめざしている幸福の科学のシニア信者の集まりです。

シニア・プラン21

生涯反省で人生を再生・新生し、希望に満ちた生涯現役人生を生きる仏法真理道場です。定期的に開催される研修には、年齢を問わず、多くの方が参加しています。全世界212カ所（国内197カ所、海外15カ所）で開校中。

【東京校】TEL 03-6384-0778 FAX 03-6384-0779

メール senior-plan@kofuku-no-kagaku.or.jp

幸福実現党

内憂外患《ないゆうがいかん》の国難に立ち向かうべく、2009年5月に幸福実現党を立党しました。創立者である大川隆法党総裁の精神的指導のもと、宗教だけでは解決できない問題に取り組み、幸福を具体化するための力になっています。

幸福実現党 釈量子サイト **shaku-ryoko.net**

Twitter **釈量子@shakuryoko**で検索

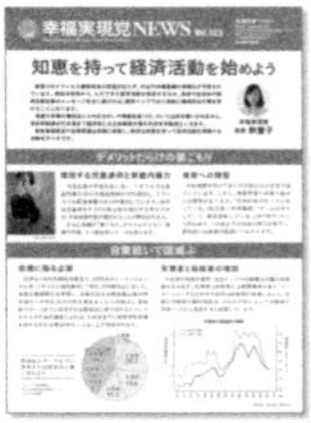

党の機関紙
「幸福実現党NEWS」

幸福実現党　党員募集中

あなたも幸福を実現する政治に参画しませんか。

- ○幸福実現党の理念と綱領、政策に賛同する18歳以上の方なら、どなたでも参加いただけます。
- ○党費:正党員（年額5千円［学生 年額2千円］）、特別党員（年額10万円以上）、家族党員（年額2千円）
- ○党員資格は党費を入金された日から1年間です。
- ○正党員、特別党員の皆様には機関紙「幸福実現党NEWS（党員版）」（不定期発行）が送付されます。

＊申込書は、下記、幸福実現党公式サイトでダウンロードできます。

住所:〒107-0052　東京都港区赤坂2-10-8 6階 幸福実現党本部

TEL **03-6441-0754**　FAX **03-6441-0764**

公式サイト **hr-party.jp**

幸福の科学出版

大川隆法総裁の仏法真理の書を中心に、ビジネス、自己啓発、小説など、さまざまなジャンルの書籍・雑誌を出版しています。他にも、映画事業、文学・学術発展のための振興事業、テレビ・ラジオ番組の提供など、幸福の科学文化を広げる事業を行っています。

アー・ユー・ハッピー?
are-you-happy.com

ザ・リバティ
the-liberty.com

幸福の科学出版
TEL **03-5573-7700**
公式サイト **irhpress.co.jp**

THE FACT

ザ・ファクト
マスコミが報道しない
「事実」を世界に伝える
ネット・オピニオン番組

ザ・ファクト 検索

NEW STAR PRODUCTION

ニュースター・プロダクション

「新時代の美」を創造する芸能プロダクションです。多くの方々に良き感化を与えられるような魅力あふれるタレントを世に送り出すべく、日々、活動しています。 公式サイト **newstarpro.co.jp**

ARI Production

ARI《アリ》 Production《プロダクション》

タレント一人ひとりの個性や魅力を引き出し、「新時代を創造するエンターテインメント」をコンセプトに、世の中に精神的価値のある作品を提供していく芸能プロダクションです。 公式サイト **aripro.co.jp**

大川隆法　講演会のご案内

大川隆法総裁の講演会が全国各地で開催されています。講演のなかでは、毎回、「世界教師」としての立場から、幸福な人生を生きるための心の教えをはじめ、世界各地で起きている宗教対立、紛争、国際政治や経済といった時事問題に対する指針など、日本と世界がさらなる繁栄の未来を実現するための道筋が示されています。

2019 年 12 月17 日 さいたまスーパーアリーナ「新しき繁栄の時代へ」

2019年10月6日 ザ ウェスティン ハーバー キャッスル トロント(カナダ)
「The Reason We Are Here」

2019年7月5日 福岡国際センター
「人生に自信を持て」

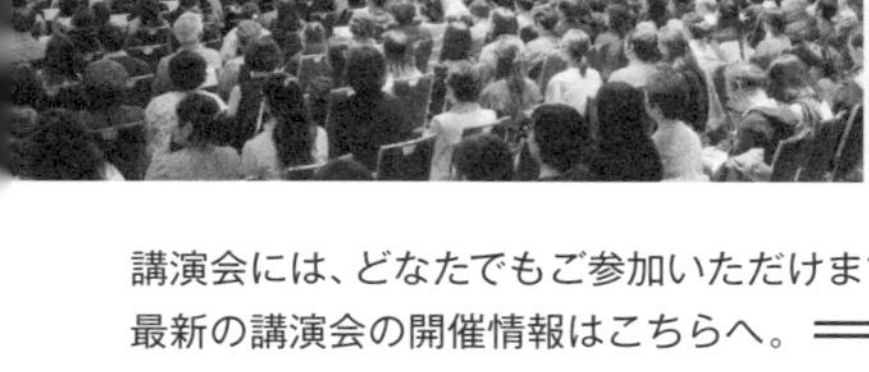

2019年3月3日 グランド ハイアット 台北(台湾)
「愛は憎しみを超えて」

2019年7月13日 ホテル イースト21 東京
「幸福への論点」

講演会には、どなたでもご参加いただけます。
最新の講演会の開催情報はこちらへ。⟹

大川隆法総裁公式サイト
https://ryuho-okawa.org